二手房销售话术与心理成交技巧

贺俊贤 著

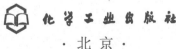

化学工业出版社

·北京·

入行不久的二手房销售新兵,应该从何处着手,才能快速成长,拿下一个又一个订单,成为下一个销售冠军?久经"战场"的二手房销售老兵,又该如何不断自我突破,提升业绩水平,稳居销售冠军的宝座?

《二手房销售话术与心理成交技巧》是一本专门针对房地产,特别是二手房销售人员提升业绩的实用指导书籍。本书内容立足于二手房销售实践,通过理论性和实战性相结合的方式,从成交技术、话术应用、情景模式三大角度来呈现二手房销售的各项工作技能,包括:二手房销售必备的专业知识,开发二手房源的技能,如何在营销中抓住卖点,怎样洞察客户需求,如何带客户看房,进行价格谈判促使成交的方法,二手房销售的心理成交技巧以及利用互联网销售的各种新方法和技巧等。本书附录部分还为读者提供了二手房销售常用的表格管理工具、二手房销售必备的协议书、二手房销售必知的法律法规等精彩内容。

本书能使房地产经纪人和二手房销售人员花费极少的精力,掌握必需的行业知识和技能,解决工作中的棘手问题,最终全面提升工作能力和工作业绩,快速晋升为二手房销售高手。

图书在版编目(CIP)数据

二手房销售话术与心理成交技巧/贺俊贤著. —北京:化学工业出版社,2018.8(2021.5重印)
ISBN 978-7-122-32501-3

Ⅰ.①二… Ⅱ.①贺… Ⅲ.①房地产-销售 Ⅳ.①F293.352

中国版本图书馆CIP数据核字(2018)第138348号

责任编辑:卢萌萌　　　　　　　　　　　文字编辑:李　玥
责任校对:边　涛　　　　　　　　　　　装帧设计:王晓宇

出版发行:化学工业出版社(北京市东城区青年湖南街13号　邮政编码100011)
印　　装:涿州市般润文化传播有限公司
710mm×1000mm　1/16　印张15　字数231千字　2021年5月北京第1版第3次印刷

购书咨询:010-64518888　　　　　　　　售后服务:010-64518899
网　　址:http://www.cip.com.cn
凡购买本书,如有缺损质量问题,本社销售中心负责调换。

定　价:58.00元　　　　　　　　　　　　　　　　　版权所有　违者必究

前言
FOREWORD

国人爱买房，与其说是出于抵抗通货膨胀的目的，不如说是出自骨子里浓烈的"家庭意识"。在咱们中国人看来，房子在很大程度上就是家的一部分，能给人带来家庭感、归属感、安全感。任凭楼市起伏涨落，人们买房的热情从未减弱。虽然偶尔会因为政策限制，暂时采取观望态度，但是从长远来说，这种买房的冲动是难以抑制的，需求无处不在。

正是因为如此，也造就了中国房地产经纪人的崛起。如今房地产中介遍地开花，竞争激烈。相对于一手楼盘，二手房市场则因相同地段单价和总价相对偏低，地理位置优越、范围广、配套成熟、质量有保证等得到很多消费者的青睐，也成为房地产经纪人业务的主要方向。

但是，同样是卖二手房，"同工不同酬"在此行业表现尤为明显，有的房地产经纪人月入上万元甚至几十万元，有的却也只能领着微薄的起薪。随着行业的不断规范化，市场对房地产销售的专业性要求越来越高。想做好二手房销售这个行业，还必须拿出真本事。二手房销售不仅仅是要把握信息匹配，更重要的是提升各种专业素质，促成买卖成交。

那么，入行不久的二手房销售新兵，应该从何处着手，才能快速成长，拿下一个又一个订单，成为下一个销售冠军呢？久经"战场"的二手房销售老兵，又该如何不断自我突破，提升业绩水平，稳居销售冠军的宝座呢？

本书就是一本专门针对二手房销售人员销售业务的实用性书籍。本书内容立足于二手房销售实践，通过理论性和实战性相结合的方式，从营销解析、成交技术、话术应用、情景模式等角度，配以精确的图解，来呈现二手房销售的各项工作技能，包括：二手房销售必备的专业知识，开发二手房源的技能，如何在营销中抓住卖点，怎样洞察客户需求，如何带客户看房，进行价格谈判促使成交的方法，二手房销售的心理成交技巧以及利用互联网销售的技能等。

在编写方面,本书具有以下特点:

1. 针对性强

本书对目标读者群的定位十分精确,内容的适用性很强,可谓是对二手房销售一对一式指导,使销售工作更容易开展,成功率更高。

2. 内容实用

本书通过对二手房销售全景式再现与解说,将专业知识、销售技巧、形象的案例和说话术进行了完美结合,帮助二手房销售人员解决销售过程中的棘手问题,全方位快速提升业务能力,内容实用。

3. 可读性强

本书按照售楼情景式展开叙述方式,将理论与实践完美结合,案例也比较多。读者在阅读时,不仅能清楚地把握每一道流程的具体方法,而且还能进行情景式体验,可读性很强。

4. 图文并茂

本书使用文字与图解相结合的方式,使专业性和技巧性的内容更加形象化、清晰化、简单化,便于读者快速阅读,读完就会。

值得一提的是,本书附录部分还有二手房销售常用的表格管理工具、二手房销售必备的协议书以及二手房销售必知的法律法规。另外,在正文部分,也多提及一些专业性销售工具的使用。这在很大程度上使二手房销售工作事半功倍,也使二手房销售新手可以迅速成长为销售冠军。

著者

2018年6月

目录 Contents

第 1 章 专业决定你的业绩

1.1 不懂建筑规划做不好二手房销售 / 002
- 1.1.1 有关居住区规划设计的名词 / 002
- 1.1.2 有关房屋建筑设计的名词 / 003

1.2 建筑面积计算的要点 / 005
- 1.2.1 套内面积计算方式 / 005
- 1.2.2 建筑面积计算公式 / 005
- 1.2.3 房屋总建筑面积计算方式 / 006

1.3 交易形式：转让、抵押与租赁 / 007
- 1.3.1 房地产转让 / 007
- 1.3.2 房地产抵押 / 008
- 1.3.3 房地产租赁 / 009

1.4 产权证登记和变更 / 010

1.5 按揭贷款操作流程 / 011
- 1.5.1 按揭贷款分类 / 011
- 1.5.2 按揭贷款所需材料与具体流程 / 012

1.6 交易税费的计算方式 / 014

1.7 二手房公积金申请条件及流程 / 016
- 1.7.1 公积金贷款的条件限制 / 017
- 1.7.2 公积金贷款的额度问题 / 018
- 1.7.3 二手房使用公积金贷款的申请流程 / 019

1.8 二手房物业交割有关知识 / 021
- 1.8.1 二手房物业交割流程 / 021
- 1.8.2 物业检验交接单 / 022

第2章 房源问题都不是事儿

025

2.1 踩盘三件事：信息、时间与沟通 /026
2.1.1 踩盘第一件事：信息 /026
2.1.2 踩盘第二件事：时间 /028
2.1.3 踩盘第三件事：沟通 /028

2.2 来客登记：抓牢优质房源处理法 /029
2.2.1 接待业主的流程技巧 /029
2.2.2 针对不同类型业主的接待要领 /031
2.2.3 业主房源登记表 /031

2.3 扎根社区，商圈精耕掘"金子" /032
2.3.1 商圈精耕的划分 /032
2.3.2 商圈精耕的方法及意义 /033

2.4 电话礼仪，获取业主的信任 /035
2.4.1 接听电话的礼仪技巧 /035
2.4.2 客户咨询电话记录表 /037

2.5 独家委托，打动业主要靠诚意 /037
2.5.1 鉴别适合独家委托的房源 /038
2.5.2 说服业主独家委托四步法 /038
2.5.3 《独家委托协议书》范本 /040

2.6 房源跟进，说服业主的流程 /043
2.6.1 房源跟进的要领 /043
2.6.2 房源跟进的步骤 /044

第 3 章
卖点、卖点还是卖点

3.1 卖时机：时机找得准，单子抓得稳 / 047

3.2 卖视觉：漂亮的房子谁都想要 / 048
   3.2.1 店铺视觉营销的价值 / 049
   3.2.2 二手房视觉营销要点 / 050

3.3 卖功能：寻找客户的真实需求 / 051
   3.3.1 现代购房者考虑的房产附加功能 / 051
   3.3.2 功能营销中的细节问题 / 052

3.4 卖心理：用"恐惧""贪婪"激发客户购房欲 / 054
   3.4.1 弱点营销：恐惧 / 054
   3.4.2 弱点营销：贪婪 / 056

3.5 卖未来：卖二手房也是在卖"未来概念" / 057

3.6 卖口碑：二手房"口碑"就是最大卖点 / 060
   3.6.1 口碑营销的特质 / 060
   3.6.2 房产销售中口碑传播的技巧 / 061

3.7 卖故事：最有感染力的卖点提炼 / 063
   3.7.1 故事营销的四种特质 / 063
   3.7.2 讲好一个故事的两个要点 / 065

第4章
管好"客户银行",不流失每一个客源

4.1 初次见面30秒,决定客户去留 /068
 4.1.1 房产销售中的"首因效应" /068
 4.1.2 如何让客户在30秒内说"Yes" /069

4.2 FROM沟通模式,客户喜欢的谈话方式 /070
 4.2.1 高效的FROM沟通模式 /071
 4.2.2 FROM沟通模式的含义 /071

4.3 房地产市场客户的生命周期 /072

4.4 客户需要一匹马,给他一辆车 /074
 4.4.1 互惠心理的副作用 /075
 4.4.2 互惠心理的使用方法 /075

4.5 用闲聊拉近与客户的心理距离 /076
 4.5.1 闲聊话术的好处 /077
 4.5.2 闲聊话题的选择 /077

4.6 用"情感"管理客户,没人挖得走 /079

4.7 挽救客户关系的招数 /082
 4.7.1 客户流失问题分析 /082
 4.7.2 挽救客户关系的方法 /084

第5章 洞察客户需求，房源统统售罄

5.1 客户心理需求的几大维度 / 087
  5.1.1 二手房客户购房需求特征 / 087
  5.1.2 客户购房需求表 / 089

5.2 影响客户决策的七个心理阶段 / 090
  5.2.1 解读客户决策的心理阶段 / 090
  5.2.2 针对客户购房心理的销售对策 / 092

5.3 用NEADS公式辨别真假需求 / 093
  5.3.1 NEADS公式示意 / 093
  5.3.2 使用NEADS公式的话术案例 / 095

5.4 挖掘客户的购房动机与预算 / 096
  5.4.1 客户的购房目的 / 096
  5.4.2 客户的购房预算 / 097

5.5 巧妙刺激客户的隐性需求 / 099
  5.5.1 客户隐性需求的特点 / 099
  5.5.2 挖掘客户隐性需求的方法 / 100

5.6 引导客户说出需求的聆听艺术 / 103
  5.6.1 这样听，客户才会说 / 103
  5.6.2 倾听客户需求的话术案例 / 104

5.7 说得好有时不如问得巧 / 105

第6章 看房看得好，客户跑不了

- 6.1 一眼分辨买家和看家的几个秘诀 / 109
  - 6.1.1 察言观色，看透客户心理 / 109
  - 6.1.2 一眼看透买家和看家的案例 / 110
- 6.2 带客户看房前的铺垫工作 / 111
  - 6.2.1 约客户看房的3个要领 / 111
  - 6.2.2 规划有利于客户迅速决策的看房路线 / 113
- 6.3 介绍二手房的"231"黄金法则 / 114
- 6.4 不要隐瞒房屋"缺陷"，但可以巧妙地解释 / 116
- 6.5 客户看房最喜欢听的FAB对话法 / 119
  - 6.5.1 FAB对话法法则 / 119
  - 6.5.2 FAB对话法使用技巧 / 120
- 6.6 用"第三人需求"法，打消客户顾虑 / 122
  - 6.6.1 "第三人需求"法话术举例 / 122
  - 6.6.2 "第三人需求"法话术要领 / 123
- 6.7 避免业主和客户当场谈价格的技巧 / 125
  - 6.7.1 事先防范与事后制止 / 125
  - 6.7.2 防止客户跳单的话术 / 126
- 6.8 把握六种促交时机，锁定客户购房意向 / 127
  - 6.8.1 如何判断客户看房后的购买意向 / 127
  - 6.8.2 锁定意向，促成交易的技巧 / 128

第7章 排除异议,让业绩飙升 130

7.1 异议一:房子靠近马路,太吵闹 / 131
7.2 异议二:房子的配套不行,太陈旧 / 132
7.3 异议三:房子位置太偏,不繁华 / 134
7.4 异议四:小区配套不错,周边差 / 136
7.5 异议五:户型不是太大就是太小,不尽如人意 / 138
7.6 异议六:楼层高了或低了,不合适 / 140

第8章 突围价格谈判,用价值赢得客户 142

8.1 价格谈判时的准备工作和要点 / 143
8.1.1 价格谈判时的准备工作 / 143
8.1.2 价格谈判时的注意事项 / 144
8.2 确定业主的下限,摸清客户的上限 / 145
8.2.1 如何确定业主的价位下限 / 145
8.2.2 如何确定客户的价位上限 / 146
8.3 "坦白"谈价法让价格低开高走 / 147
8.4 站在客户的角度进行认同谈判 / 148
8.5 偶尔不按常理出牌,反而掌握主动权 / 150
8.6 适当使用"同情心"法则,促成价格谈判 / 152

8.6.1 "同情心"法则使用须知 / 152

8.6.2 "同情心"法则在价格谈判中的应用举例 / 153

8.7 价格让步才能让客户痛快成交 / 154

8.7.1 销售人员放价错误分析 / 154

8.7.2 销售人员放价的技巧 / 155

第9章 每单业绩后面都有心理学策略

9.1 看透心理弱点,才能"对症施治" / 159

9.1.1 不同类型客户心理弱点分析 / 159

9.1.2 不同类型客户心理弱点营销 / 160

9.2 抓住客户"从众心理"进行善意诱导 / 162

9.2.1 客户的从众心理 / 162

9.2.2 从众成交法的使用要则 / 163

9.3 利用逆反心理使客户"偏要买" / 164

9.3.1 解读客户的逆反心理 / 164

9.3.2 妙用逆反心理,使客户点头说"是" / 166

9.4 妙用"心理除法",激发客户的购买欲 / 167

9.4.1 "心理除法"分解法 / 167

9.4.2 "心理除法"案例分析 / 169

9.5 营造稀缺效应来快速逼单 / 170
9.5.1 解读售房中的稀缺效应 / 170
9.5.2 营造"稀缺效应"的方法 / 171

9.6 事件营销,推倒客户心理防火墙 / 172
9.6.1 事件营销背后的心理学 / 172
9.6.2 合理利用事件营销的方法 / 173

第10章 用互联网复制销售冠军轨迹

10.1 直播:发现月入49万元的秘密 / 176
10.1.1 直播营销的优势 / 176
10.1.2 直播卖房的技巧 / 177

10.2 微信朋友圈:营销标题价值百万元的方法 / 179
10.2.1 标题对了,价值百万元 / 179
10.2.2 微信朋友圈营销如何得心应手 / 180

10.3 微信公众号:五种疯狂吸粉的运营方式 / 181
10.3.1 微信公众号的营销价值 / 181
10.3.2 微信公众号这样运营最吸粉 / 182

10.4 博客:抓住客户关注的焦点 / 184
10.4.1 博客营销的特质 / 184
10.4.2 博客营销的有效操作方法 / 186

10.5 社区论坛：做到这六点，帖子火起来 / 187

10.5.1 论坛营销的优势 / 188

10.5.2 论坛营销的技巧 / 188

10.6 QQ：充分利用圈子成就多维人脉 / 190

10.6.1 QQ营销推广的特征 / 190

10.6.2 QQ群多维人脉营销推广法 / 190

10.7 找房平台：内容营销才是王道 / 192

10.7.1 二手房内容营销的内涵 / 192

10.7.2 如何在找房平台做内容营销 / 193

附录
195

附录1 二手房销售常用的表格管理工具 / 195

附录2 二手房销售必备的协议书 / 202

附录3 二手房销售必知的法律法规 / 211

参考文献
226

第1章

专业决定你的业绩

无论你是刚入行的二手房销售人员,还是久经二手房市场历练的资深房地产销售人员,要想年薪达到百万元甚至更多,首先你要足够专业,甚至称得上这个行业的权威专家。要做到这一点并不难,只要从一开始就掌握足够全面的二手房规划、交易、按揭、税费等方面的相关专业知识就能达到。

1.1 不懂建筑规划做不好二手房销售

二手房销售人员必须具备建筑规划的一些相关知识,一方面可使自己拥有较高的专业水平,另一方面,在接待客户、销售房屋时,能轻而易举地获得客户的信赖。这里列举一些二手房销售过程中最需要掌握的建筑规划知识。

1.1.1 有关居住区规划设计的名词

居住区规划设计涵盖范围较广,比如居住区用地、公共设施服务用地、公共绿地、配套设施、道路红线、建筑线、人口毛密度、楼间距、住宅建筑密度、建筑容积率、绿化率等,这里我们对一些重要且比较常见的建筑规划名词进行详细介绍(见表1-1)。

表1-1 建筑规划名词介绍

名词	释意
总建筑面积	建筑物各层水平投影面积的总和,包括使用面积、辅助面积和结构面积三项
小区总建筑面积	小区内住宅、公共建筑和人防地下室面积的总和
建筑容积率	项目建设用地范围内全部建筑面积与建设用地面积之比,一般用小数表示。地下停车库、架空开放的建筑底层等建筑面积可不计算在内。容积率越小,表明居住生活质量越高
建筑高度	建筑物室外地平面至外墙面顶部的总高度
建筑密度	即建筑覆盖率,指项目用地范围内所有基底面积之和与规划建设用地的百分比。它可反映出一定地范围内的建筑密集程度和空地率
绿化面积	可用于绿化的土地面积,包括公共绿地、住宅旁绿地、道路绿地以及公共设施所属的绿地。需要注意的是,绿化面积不包括晒台垂直绿化、屋顶绿化
绿化率	建筑用地范围内各类绿化总面积与建设用地面积之比。通常新小区绿化率不得低于30%,旧小区绿化率不得低于20%
城市基础设施	分为工程性基础设施和社会性基础设施两种。工程性基础设施指能源供应、交通运输、环境保护、防灾安全等设施。社会性基础设施则指文化教育、医疗卫生等

续表

名词	释意
市政公共设施	指在城市范围内住宅配套的设施,包括自来水、煤气、公共交通、供热以及城市污水排放、雨水排放、广场、防空等市政设施的维护、处理等
配套设施	为方便居民生活所配置的各种设施,包括水、电、煤气、通信、有线电视、学校、医院、广场、超市、公园等
停车场	在建筑用地内,为停放机动车或非机动车所设置的车位。一般小型车车位按25平方米计算

1.1.2 有关房屋建筑设计的名词

有关房屋建筑设计的一些知识是房地产销售人员必须掌握的基础知识。概括来说,比如建筑物的层级分类、建筑结构、屋内户型设计等方面的知识。在此列举有关房屋建筑设计的部分基础知识(见表1-2)。

表1-2 房屋建筑设计相关知识

名词	释意
房屋层级	房屋层级包括低层房屋、多层房屋、小高层房屋、高层房屋、超高层房屋等。 低层房屋:高度低于10米,层高为1~3层。建筑结构简单,施工期短。特点是舒适、方便、空间占用大。在城市繁华地段开发成本过高 多层房屋:高度高于10米,小于24米。多采用砖混结构,通风采光较好,户型紧凑,公摊面积少,得房率高 小高层房屋:层高为4~8层。一般为钢筋混凝土结构,房型好,得房率高,耐用年限高,景观系数高。小高层对土地的利用率也高,土地成本较低 高层房屋:8层或8层以上的房屋,多指13~24层的建筑。具有视野开阔,景观系数高,尘土、噪声、光污染较少,建筑结构强度高等优点。结构工艺复杂,材料要求性能高,施工难度大,造价成本高 超高层房屋:超过24层或100米以上的建筑。具有视野开阔、景观较好、气派雄伟等优点。地价平均成本不高,但建筑成本高。多处于城市黄金地段或景观良好的城区
建筑结构	板楼:由许多单元组成,每个单元有各自独立的楼梯或电梯 裙房:与高层建筑连接,组成一个整体的多层或低层建筑物。裙房高度不能超过24米 自然层:楼层高度在2.28米以上的标准层或高度在2.7米以上的住宅层

续表

名词	释意
建筑结构	技术层：在自然层内的水、电、暖气设施的局部层 架空层：低层架空，支撑物体承重的房屋，多为斜坡、通道或水域 跃层：套内空间跨越两层楼或以上的房屋 地下室：房屋全部或部分在室外地平面以下的部分，或房屋地面与室外地平面高度不到该房间高度的二分之一 附属层：即夹层。房屋内部空间的局部层次 阁楼：房屋坡屋顶以下的房间 女儿墙：房屋外墙高出屋面的矮墙 防火墙：用非燃烧材料堆砌的墙，多设在建筑物两端，或在建筑物内部将其分隔成不同区域
屋内户型规划	开间：房间宽度。指一间房内一面墙到另一面墙之间的实际距离。开间一般不超过3～3.9米。较小的开间尺寸可缩短楼板的空间跨度，使住宅结构性增加稳定，具有一定的抗震性。5米以上、进深7米的大开间，可为住户提供一个40～50平方米的居住空间。与同样面积的小开间相比，少了承重墙，面积增加2%左右，便于装修和隔断 进深：房间长度。指房屋从前墙皮到后墙皮之间的实际长度。进深大的情况下可有效节约用地。但进深过大不利于采光和通风。目前住宅进深多限制在5米左右，不能随意扩大 玄关：登堂入室第一步所在位置 隔断：专门分割室内空间的，不到顶部的半截立面结构 卧室：一般从设计的角度来说，双人卧室面积不小于10平方米，单人卧室不小于6平方米。卧室应有足够的采光，应符合1∶7的落地比，主卧以规则长方形且带阳台为佳 厨房：在使用面积为68平方米的户型中，厨房面积不应小于5平方米，厨房应有直接采光，自然通风为佳 卫生间：卫生间分为明卫和暗卫，明卫为佳 餐厅：独立餐厅最好与厨房紧密相连，面积不宜小于6平方米，净宽不宜小于2.4米。无独立餐厅，最好使用软隔断将其与室内的客厅或厨房隔开 阳台：根据封闭情况，可分为封闭式阳台或非封闭式阳台；根据其与主墙体关系，可分为凹阳台和凸阳台；根据空间位置，可分为底阳台和挑阳台。需要注意的是，低层、多层住宅阳台栏杆不应低于1.05米，中高层或高层阳台栏杆不应低于1.10米 露台：多指住宅中的屋顶平台或因建筑结构需要在楼层中做出的大阳台。因其面积较大又无屋顶，因此称为露台 过道：住宅套内使用的水平交通空间 壁橱：住宅套内与墙壁结合而成的落地储藏空间 屋顶：屋顶由屋面、承重结构层、保温隔热层、顶棚构成。常见的是平顶或坡屋顶

1.2 建筑面积计算的要点

客户在买房的时候必然要问两种面积：建筑面积和使用面积。建筑面积直接关系到商品房总房款，而使用面积则关系到购买的房子空间是否能充分利用，是否足够大。

1.2.1 套内面积计算方式

（1）套内使用面积

套内使用面积即地毯面积。它是各房间使用面积之和。在测量套内使用面积时，可以依照这样的标准来计算：

① 房屋使用面积按结构墙体内表面尺寸计算，墙体有复合保温、隔热层，按复合层内皮尺寸计算使用面积。

② 房屋使用面积包括卧室、客厅、餐厅、过厅、过道、前室、厨房、卫生间、储藏室、阳台、壁柜等。

③ 烟囱、通风道、各种管道竖井等均不计入使用面积。

④ 非公用楼梯（包括跃层住宅中的套内楼梯）按自然层数使用面积之和计入房屋使用面积。

（2）套内建筑面积

套内建筑面积的计算公式如图1-1所示。

套内建筑面积＝套内使用面积+阳台面积+墙体面积

图1-1 套内建筑面积的计算公式

虽然很多合同里都会使用这个公式来计算，但是墙体面积其实很难精确测量，如果有保温层，测量就更加困难。

1.2.2 建筑面积计算公式

建筑面积的计算公式如图1-2所示。

$$建筑面积 = 套内建筑面积 + 公摊面积$$

$$公摊面积 = 建筑面积 \times 公摊系数$$

$$公摊系数 = 建筑总公摊面积 \div 建筑总建筑面积$$

$$套内建筑面积 = 套内使用面积 + 套内墙体面积 + 阳台面积$$

图 1-2　建筑面积计算公式

在这些公式里，需要注意一些概念或计算方式。

① 阳台面积的计算方式，通常来说，封闭式阳台按照全部面积计算，半封闭式阳台按照一半面积计算。

② 套内墙体面积包括户型内部的分隔墙、两户之间的分隔墙、外墙这三个部分。

③ 公摊面积包括：建筑内的楼梯间、配电室、消防通道、水泵房等附属设施用房或占地。

通常来说，在不同样式的建筑楼房内，公摊系数计算范围如表 1-3 所列。

表 1-3　公摊系数计算范围

公摊系数	建筑类型
5% ~ 10%	无电梯的多层建筑
15% ~ 20%	有电梯的板式小高层
18% ~ 25%	有电梯的板式高层
18% ~ 22%	有电梯的塔式小高层
20% ~ 30%	有电梯的塔式高层

1.2.3　房屋总建筑面积计算方式

房屋总面积也是很多购房者关心的数据，通常来说，房屋总面积的计算包括这样一些方面：

① 多层或高层建筑按照各层建筑面积之和来计算总建筑面积。其中，底

层在计算面积时，是按照建筑物外墙勒脚以上外围水平面积来计算的；二层以及二层以上按外墙外围水平面积计算。

② 单层建筑物按照一层计算，其建筑面积按建筑物外墙勒脚以上的外围水平面积来计算。如果单层建筑物内部带有部门楼层（如阁楼）也应计算建筑面积。

③ 地下室、半地下室等建筑面积，按其上口外墙外围的水平面积计算。

④ 电梯井、提物井、管道井等均按建筑物自然层计算建筑面积。

⑤ 建筑物内的门厅、大厅均按一层计算建筑面积。

⑥ 地下架空层层高超2.2米的，按架空层外围水平面积的二分之一来计算建筑面积。

⑦ 封闭式阳台、挑廊等，按其外围水平投影面积计算建筑面积。凹阳台按其阳台净面积的二分之一来计算建筑面积。

⑧ 建筑物内放置各种设备和修理养护的建筑，层高超过2.2米的，按技术层外围水平面积计算建筑面积。

除了这些，在计算房屋总建筑面积时，还要对楼梯间、门斗等进行计算，整体是比较复杂的。房产销售人员也可以通过咨询专业人员来准确把握建筑面积计算的知识，以便为客户提供更加专业、精准、可靠的业务咨询。

1.3　交易形式：转让、抵押与租赁

国家规定了房地产交易的基本制度，即土地有偿有限期使用制度、房地产价格申报制度、房地产价格评估制度和房地产权属登记发证制度。房地产在具体交易时，包括这样三种形式：房地产转让、房地产抵押和房地产租赁。我们来一一介绍这三种形式。

1.3.1　房地产转让

房地产转让，是指房地产所有人通过买卖、赠与、交换、抵债或其他合法方式将房地产转移给他人的行为。房地产相关法律《城市房地产转让管理规定》中，对房地产转让的程序做了如表1-4所列的规定。

表1-4 房地产转让程序步骤

第一步	房地产转让当事人签订书面转让合同
第二步	房地产转让当事人在房地产转让合同签署90日内，持房地产权属证书、当事人的合法证明、转让合同等有关文件，向房地产所在地的有关房地产管理部门申请成交价格
第三步	房地产管理部门审查相关文件，并在7日内做出是否受理申请的书面答复。如7日内未做出书面答复，视为同意受理
第四步	房地产管理部门核实申报成交价，并根据需要，对转让的房地产进行现场查勘评估
第五步	房地产转让当事人按照规定，缴纳相关税费
第六步	房地产管理部门办理房屋权属登记手续，核发房地产权属证书

1.3.2 房地产抵押

房地产抵押，是指抵押人或债务人以其合法拥有的房地产作为担保物，向抵押权人或债权人提供债务履行担保的行为。比如，房地产按揭这种用所购房屋作为担保贷款购房的行为，属于房地产抵押的一种形式。图1-3详细列出了房地产抵押最常见的几种形式。

现房抵押
- 抵押人以自有房屋，以不转移占有的方式向抵押权人提供债务履行担保的行为

购房贷款抵押
- 购房人支付首期规定的房价款后，由金融机构代其支付剩余购房款。购房人将其商品房抵押给该金融机构，作为偿还贷款履行担保的行为

预购商品房贷款抵押
- 期房阶段，房子不能出不动产权证，只有预告登记证明。购房人办理贷款需要用此房屋作抵押登记手续。房管局会给抵押权人（一般是银行）抵押权预告登记证明，以此证明房屋抵押给抵押权人

在建工程抵押
- 抵押人以其合法方式取得的土地使用权连同在建工程的投入资产，以不转移占有的方式向抵押权人提供债务履行担保的行为

图1-3 房地产抵押常见的几种形式

在房地产抵押时，特别要注意"房地产的抵押效力"。具体是指，在房地产抵押期间，抵押人转让已办理登记的抵押物的，应通知抵押权人，并告

知受让人转让物已抵押的情况。抵押人未通知抵押权人或告知受让人转让物已经抵押的情况,转让行为视为无效。

根据《中华人民共和国担保法》第41条规定,房地产抵押应办理抵押物登记,抵押合同自登记之日起生效。房地产抵押登记,是指房地产抵押关系设定后,当事人根据房地产登记管理权限向市或区、县房地产登记机关办理房地产其他权利的登记。

1.3.3 房地产租赁

《商品房屋租赁管理办法》规定,公民、法人或其他组织对于享有所有权的房屋和国家授权管理经营的房屋,可以依法出租。但是,关于房屋租赁,有一定的条件限制,以下这些房屋在出租时属于非法出租:

① 权属有争议的。
② 未依法取得《房屋所有权证》的。
③ 属于违章建筑的。
④ 不符合安全标准的。
⑤ 已抵押,未经抵押权人同意的。
⑥ 不符合公安、环保、卫生等主管部门有关规定的;
⑦ 司法机关和行政机关依法裁定、决定封查或者以其他形式限制房地产权利的。
⑧ 共有房屋未取得共有人同意的。
⑨ 有关法律、法规规定禁止出租的其他情形。

符合条件的二手房屋,在租赁时,一般按照表1-5所列流程进行。

表1-5 租赁二手房流程

业主咨询	业主介绍房屋及物业情况等,销售给出参考租赁价格建议
实勘敲定	销售人员进行实地勘察,核实业主身份,双方签署《租赁委托合同》
钥匙托管	业主将钥匙交给销售人员,销售人员给予业主盖有公司公章的收条证明
租赁推广	销售人员通过不同形式向租客推荐业主委托的房屋
带租客看房	带有意向的租客看房子,看房时保持屋内物品原貌。看完房后,锁门关窗
签《租赁合同》	检验租赁方身份证原件,复印件存档,进行租赁登记,签署《租赁合同》
物业交接	销售人员与租赁人到管理处交接水费、电费、燃气费、电话费、物业费、采暖费等,清点家具、电器等。之后销售方可将钥匙交给租赁人

1.4 产权证登记和变更

国家为了健全法制，加强城镇房地产管理，依法对房地产产权进行登记，并依法确定房屋产权归属关系。房地产产权登记范围包括房屋所有权、抵押权、典权等。

房地产产权登记涉及细节较多，房地产销售人员需要把握这些与房地产产权登记有关的知识（见表1-6）。

表1-6 房地产产权登记相关知识

房屋权利人	依法享有房屋所有权和该房屋占用范围内的土地使用权、房地产他项权利的法人、组织和自然人
房屋权利申请人	已获得房屋并提出房屋登记申请，但尚未取得房屋所有权证书的法人、组织和自然人
房地产权属档案	房地产行政主管部门在房地产权属登记、调查、测绘、权属转移、变更等工作管理中形成的有价值的文字、图像等资料
房地产产籍	记载房地产权属关系和历史情况的各种房地产权属档案以及簿册等
总登记	也称为静态登记，即在一定行政区域和一定时间内所进行的房屋权属登记
房屋所有权初始登记	新建房屋申请人或原有但尚未登记过的申请人原始取得所有权而进行的登记
土地使用权初始登记	权利人如以出让或划拨方式获得土地使用权，则应申请办理土地使用权初始登记
他项权利登记	设定抵押、典权等他项权利所进行的登记
变更登记	房地产权利人因法定名称或房屋状况等发生改变而进行的登记
转移登记	房屋因买卖、交换、继承、划拨、转让、分割等原因使其权属发生转移而进行的登记
注销登记	因房屋或土地灭失、土地年限已满、他项权利终止、权利主体灭失等进行的登记

除了这些知识，在房地产产权证登记或变更中，也有很多大家非常关心的问题。房地产销售人员需要注意这些与产权登记有关的问题。这里提出三个最为典型的问题：

（1）如何得知想购买的二手房能否办理产权证

在没有产权证的情况下，二手房不能办理房产转让过户手续。另外，购房者只要在房管局综合服务大厅查询该房屋情况，就能确认该房屋是否存在抵押、查封或其他情况。

（2）在办理完产权证的情况下，如何将两人共有的房产过户给一个人

这种情况下，可以通过双方签订买卖合同或办理赠予公证、房产评估后，到市房地产交易权籍中心办理过户手续。

（3）婚前单方按揭购房，婚后夫妻共同还款。这种情况下，房产权归谁

从法律的角度来说，婚前购买并办理按揭的商品房属于婚前财产，而婚后共同缴纳按揭款的部分则属于夫妻共同财产。

1.5 按揭贷款操作流程

按揭购房，就是购房者在买房时与银行达成抵押贷款的一种经济行为。购房者先付给业主一部分房款，即首付，余款由银行代替购房者支付，购房者将房产所有权抵押给银行，购房者分期偿还银行的贷款和利息。

1.5.1 按揭贷款分类

个人住房按揭贷款一般有图1-4所示的三种类型。

个人住房公积金贷款	●缴存住房公积金的职工可申请住房公积金购买、修建自住用房所需贷款
个人住房商业性贷款	●这就是普遍意义上的住房按揭贷款，适用于未缴存住房公积金或因其他原因选择商业贷款的购房者
个人住房组合贷款	●购房者如果申请住房公积金贷款并不足以支付购房款，可同时向银行申请住房按揭贷款。两者组合的贷款即为个人住房组合贷款

图1-4 个人住房按揭贷款类型

1.5.2 按揭贷款所需材料与具体流程

用按揭贷款的方式买房，购房者年龄需在18～60周岁之间，为具有完全行为能力的自然人；具有稳定的工作与收入，征信良好，具有一定的还款能力。房地产销售人员协助办理个人客户按揭贷款业务时，需准备表1-7所列的资料。

表1-7 个人按揭贷款准备资料

序号	准备资料
1	客户资料（附复印件一套）：买卖双方以及配偶的身份证、户口本、居住证、工作居住证、婚姻证明、卖方夫妻收入证明、税票、营业执照、卖方家庭申明、存量房购房合同、房屋预评报告、房屋两证复印件
2	办理抵押登记相关客户资料（终审后），包括客户资料复印件、公证申请书、投保单、自然人委托书、法人委托书、抵押登记申请表、银行关于签字真实性的承诺书、过户后两证原件、正式评估报告
3	借款合同（另附复印件），借据一式五联（需标注清楚借款人姓名、客户经理签字、还款账号、卖方姓名及账号、楼盘名称、还款方式）
4	缴费清单复印件（终审后），包括公证费、保险费、抵押费
5	买卖双方银行卡复印件、中介公司在该行开立的账号
6	扣除印花税凭证填写完全，并税款存入本人银行卡
7	填完完整的特转凭证
8	经办客户经理签名
9	其他情况备注

那么，销售人员协助客户进行按揭贷款时，应遵循怎样的流程呢？个人按揭贷款流程如图1-5所示。

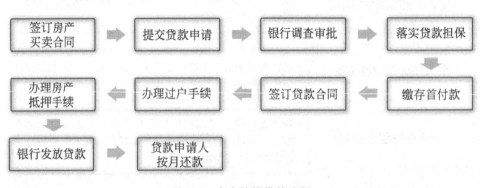

图1-5 个人按揭贷款流程

房地产销售人员需要对每个流程涉及的细节了如指掌。这里对以下细节进行详细说明：

（1）签订房产买卖合同

买卖双方在签订《房屋买卖合同》时，在合同中如果约定买方通过按揭贷款方式支付房款，需要约定一定的首付比例。在这个环节，卖方会要求买方缴纳一定的定金，而买方也会检验卖方的《中华人民共和国不动产权证书》（简称"不动产权证"）。

（2）提交贷款申请

买卖双方在当地房地产交易市场现场打印《过户合同》，合同上明确注明房款支付方式。如首付款80万元，其余款项申请商业贷款等。买卖双方到当地房管局签订《私产房屋代收代付协议》，进一步明确交易资金关系。

（3）银行调查审批

在评估公司对购房进行评估后，银行会根据房屋交易价和评估价中较低的一方作为放贷依据。这里需要说明的是，有些银行只认可指定评估公司的评估报告，而有些银行则没有这方面的要求。

（4）落实贷款担保

银行会要求买方提供担保以保证贷款的安全性。目前有些银行已经推出了无担保二手房贷款。房地产销售人员在协助购房者办理贷款时，应明确所在银行对担保费的收取或其他要求。

（5）缴存首付款

买方持《私产房屋代收代付协议》到银行交付首付款后，取得缴存首付款证明，并向银行申请二手房贷款，提供给银行全部贷款申请资料。

（6）签订贷款合同

买方审核通过之后，银行会与买方签订借款合同，银行通知卖方贷款可付。

（7）办理过户手续

买卖双方带房产证原件及复印件、买卖契约及复印件、身份证原件及复印件等资料到相关地区的住房和城乡建设部办理过户手续，并进行换证手续。

（8）办理房产抵押手续

卖方带上不动产权证、土地证过户收据、买卖契约、契税发票等，到相关地区的住房和城乡建设部办理房产抵押手续。

（9）银行发放贷款

银行收到抵押证明后放款。贷款发放完毕，买方向房管部门领取新的房产证。

（10）贷款申请人按月还款

购房者按照规定的还款方式进行还款。在还清所有贷款后，购房者可办理注销抵押登记手续。

1.6 交易税费的计算方式

二手房在交易过程中，涉及的税费包括：契税、印花税、营业税、营业税附加、个人所得税、土地增值税、房产税、房地产交易手续费、房屋权属登记费等。

为了方便房地产销售人员理解各种税费的计算方式，可参照表1-8计算。

表1-8 二手房税费一览表

税费名称	出售方	购买方	备注
交易登记费	—	80元/套	免收个人购买普通住房的住房登记费和个人买卖存量普通住房的住房交易手续费
交易手续费	2.5元/平方米×建筑面积	2.5元/平方米×建筑面积	双方
抵押登记费	—	80元/套	
合同公证费	总房款×0.3%	—	由引发方承担
合同印花税	总房款×0.05%	总房款×0.05%	出售方和购买方共同承担（目前暂免）
配图费	—	25元/张	
权证印花税	—	5元/本	

续表

税费名称			出售方	购买方	备注
贷款保险费、担保费			—	贷款额 × 系数	
契税	普通住宅		—	总房款 × 1.5%	对个人购买90平方米及以下普通住房的，契税税率暂调至1%，由市房地产交易中心出具首次购房证明
	非普通住宅		—	总房款 × 3%	
营业税	普通住宅	5年内	房款差额 × 5.55%	—	售后公房和动迁房首次转让免征营业税（注：售后公房须持有相关凭证，动迁房须是唯一一套拿房的动迁房，须出示证明）
		5年以上	免征	—	
	非普通住宅	5年内	总房款 × 5.55%	—	
		5年以上	房款差额 × 5.55%	—	
所得税	普通住宅		总房款 × 1% 或利润 × 20%	—	① 个人转让的房屋是唯一生活用房，自用两年以上，个人不负担个人所得税 ② 出售前后一年内按市场价重新购房的先以保证金形式缴纳，再视其重新购房的金额与原住房销售额的关系，可退换全部或部分保证金 ③ 经查询无法确认利润的普通住宅，缴纳个人所得税为总房款的1%；无法确认利润的非普通住宅，缴纳个人所得税为总房款的2%
	非普通住宅		总房款 × 1% 或利润 × 20%	—	

续表

税费名称		出售方	购买方	备注
土地增值税	普通住宅	暂免	—	居住满五年，且符合下面两项条件任意一项者，可减免土地增值税。居住三年未满五年的，可减半征收土地增值税。 ① 因工作调动售房，须提供单位出具的调动证明以及营业执照复印件 ② 因改善居住条件出售房屋须提供新购入住不动产权证
	非普通住宅（暂免征收）	可提供购房发票	应纳税额=（卖出价−买入价−买入的契税−本次营业税及附加、印花税−交易费）×适用税率−扣除项目	—	
		不可提供购房发票	转让收入的0.5%		
中介费		总房款×1%	总房款×1%	也可由一方支付2%

1.7 二手房公积金申请条件及流程

房产销售人员经常会遇到客户咨询二手房公积金贷款问题。房产销售人员对这方面知识掌握得越熟练，就越能在客户面前表现出较高的专业水准，也就更容易获得客户的信任。另外，房产销售人员还需要协助客户办理公积金贷款购房流程，对公积金购房知识的掌握就显得越发重要了。

1.7.1 公积金贷款的条件限制

各城市关于公积金贷款的额度、条件等有不同的要求。一般来说，主要有如下几方面的限制条件：

（1）对缴存时间的要求

缴存时间是申请公积金贷款的一道重要门槛。大多数城市会要求申请人连续足额缴存6个月以上，且公积金账户处于缴存状态。也有规定连续缴存12个月(含)以上。中途断缴会影响申请公积金贷款。

以北京为例，其对于缴存时间的要求是：连续缴存住房公积金6个月（含）以上，且本人住房公积金账户处于正常缴存状态；离退休人员，离退休前曾经缴存过住房公积金。

（2）对申请人资格的限制

各地公积金贷款政策中，对于购房者申请条件，提出了一些限制。有的地区比较宽松，比如中山市，2018年时相关政策规定，全国公积金均可在中山市申请公积金贷款，只要符合中山市购房条件即可。而有的地区则比较严格，比如，北京规定：申请公积金贷款的人须具有北京市购房资格；申请人名下无住房贷款记录且在本市无住房的，按首套房贷款政策办理；凡不属于首套房情形，被核定为是二套房的，按二套房贷款政策办理。被核定为有两套及以上住房的，不予贷款等。还有的地区会对异地购房等行为做出一定限制，比如西安自2019年5月13日起，在异地购房不能提取在西安缴存的公积金余额。

（3）对贷款额度的限制

各个城市对于公积金贷款额度都有限制，且存在一定的差异。比如，2018年，北京规定，夫妻和个人公积金贷款最高限额都是120万元；上海规定，个人公积金贷款额度最高为60万元，夫妻公积金贷款最高额度为100万元；深圳规定，个人公积金贷款额度为50万元，夫妻公积金贷款额度为90万元。当然，也不是所有申请人都能申请到最高贷款额度，公积金中心会根据申请公积金贷款人的收入、职业、缴存状况等情况来计算额度。

另外，关于公积金账户余额影响贷款额度的问题，各个城市之间也存在差异。比如，北京公积金账户余额是不影响公积金贷款额度的。而在广州，公积金账户余额则会影响公积金贷款额度。

（4）申请周期长，时间成本较高

申请人在申请公积金贷款时，流程上相对于商业贷款要复杂一些，且涉及多个部门，比如住房公积金中心、银行等。公积金贷款审贷周期，一般较快的情况下为一个月内，而比较慢的情况下，可能要等上好几个月。购买二手房的卖家由于多种因素的考虑，在有多种卖家可供选择的情况下，不确定性因素增加。

（5）申请组合贷并不便利

购房者因为公积金贷款额度的限制，可能会选择组合贷的方式。一套房子不能同时抵押给两家银行，因此，组合贷中商业贷款与公积金贷款要在同一家银行办理才可以。从卖家角度来说，很可能因为周期问题而拒绝买家。因此，如果购房者想申请组合贷，最好是提前和原房主商量好。

这里需要提醒销售人员的是，因为公积金贷款政策区域性较强，因此，有必要去本区域公积金中心了解相关的公积金贷款政策。如此一来，在应对客户时，才能帮客户了解到更为精准的公积金贷款政策。

1.7.2 公积金贷款的额度问题

公积金贷款有一定的额度限制，那么如何知道购房者用公积金贷款的额度限制呢？可以用还贷能力、房价成数、住房公积金账户余额和贷款最高限额等条件来计算购房者贷款额度。由于各地区公积金政策不同，因此要具体问题具体分析。我们以西安市公积金贷款额度为例说明，自2019年5月13日起，西安市公积金贷款实施新政。关于贷款额度计算公式大致如下。

（1）申请人与配偶公积金账户之和大于2万元

这种情况下，贷款额度计算公式如图1-6所示。

> 贷款额度=（借款人公积金缴存账户余额+配偶公积金缴存账户余额）×15倍×缴存时间系数

图1-6　西安市公积金贷款公式

在这个公式中，缴存时间系数的确定原则为：累计缴存时间大于等于36个月的，时间系数为1.2；累计缴存时间小于36个月的，时间系数为1。

（2）申请人与配偶缴存账户余额小于2万元

第一种情况：公积金账户余额合计小于5000元，贷款额度最高不超过20万元；

第二种情况：公积金账户余额大于等于5000元，小于1万元，贷款额度最高不超过25万元；

第三种情况：公积金账户余额大于等于1万元，小于2万元，贷款额度最高不超过30万元。

另外需要注意，配偶公积金缴存不正常的情况下，配偶公积金不参与计算。

（3）公积金贷款首付额度问题

西安市公积金贷款购房政策规定的首付比例如图1-7所示。

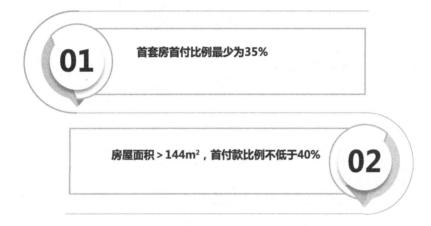

图1-7　西安市公积金贷款首付比例额度

我们举例来说，一套总价为100万元的二手房，如果客户是首次购买，首付款至少为35万元，而当首套房屋面积大于144平方米时，首付款至少为40万元。

由于各地区政策不同，因此，销售人员需要根据当地政策来掌握公积金贷款额度问题，以便更好地为客户提供服务。

1.7.3　二手房使用公积金贷款的申请流程

（1）国管公积金申请流程

国管公积金申请流程如图1-8所示。

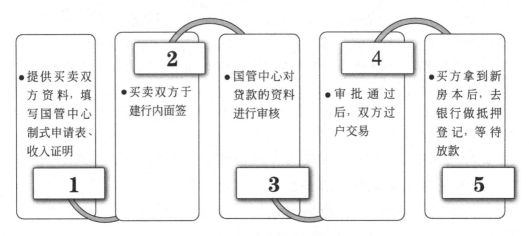

图1-8 国管公积金申请流程

（2）市管公积金申请流程

市管公积金住房贷款在申请时与国管公积金贷款有些差别，具体如图1-9所示。

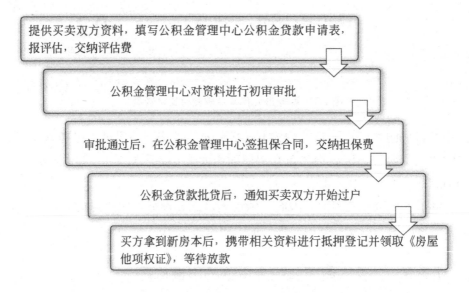

图1-9 市管公积金申请流程

1.8 二手房物业交割有关知识

在二手房交易流程中，物业交割是很重要的一个环节。物业交割的顺利进行不仅能促进买卖双方顺利交易，而且能有效减少纠纷发生的频率。作为房地产销售人员，要想做好这个环节，使房产买卖顺利完成，必须要掌握好物业交割的流程和细节。

1.8.1 二手房物业交割流程

二手房物业交割流程如图1-10所示。

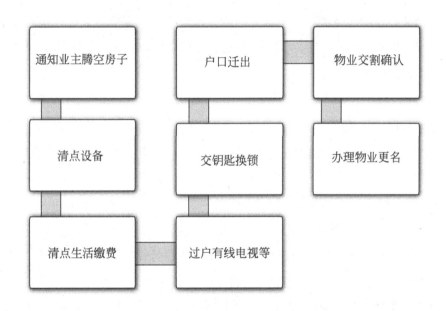

图1-10 二手房物业交割流程

（1）通知业主腾空房子

在物业交割前，房地产销售人员需要提前通知业主即出售方腾空房子。如果房子有租户，需要约租户到场一起进行物业交割。

（2）清点设备

出售者、购房者、租户同时到场，检查清点房屋内的设备，按照《房屋买卖合同》中的约定，清点或赠送家具、家电等。需要注意的是，在买卖双方的合同附件中，须注明所赠送家具、家电的数量、品牌，或者可以采用图像资料来作为合同附件。

（3）清点生活缴费

日常生活缴费包括：水费、电费、燃气费用；供暖费用；物业费、网费等。比较烦琐，但也是在很多房屋买卖过程中容易出现纠纷的地方。有个别情况，购房者入住后才发现欠缴大量费用，而此时因为房屋早已过户，售房者自然不愿意配合缴费。因此，在这个环节，销售人员须向售房者索要最后一次结清生活缴费的凭证。

（4）过户有线电视等

销售人员须经买卖双方同意，携带有线电视费收据凭证、有线电视初装凭证和新不动产权证等手续，到房屋所在地的街道有线电视站办理过户手续。

（5）交钥匙换锁

房产销售人员向出售业主索要房门钥匙，交给新业主。新业主进行门锁更换。

（6）户口迁出

二手房户口不能及时迁出很容易引发纠纷。因此，销售人员一定要注意协助买卖双方处理好户口迁出问题。户口迁出在办理时，须买卖双方携带身份证、新不动产权证到房屋所在地派出所户籍科办理核实户口迁出。

（7）物业交割确认

购房者退还物业保证金并向原业主要齐各项费用发票，双方签订"物业交割确认"凭证。

（8）办理物业更名

购房者携带新不动产权证去物业公司办理物业更名手续。

1.8.2 物业检验交接单

房地产销售人员为了更好地协助买卖双方做好物业交接工作，可以使用"物业检验交接单"表格管理工具。如表1-9所列。

表1-9 物业检验交接单

物业地址：　　　　　　　　　　　　　　　日期：

业主姓名：
房源编号：
成交编号：

	项目	类别	单位	单价	计算时点	计算基数	余额	凭证	是否结清	备注
各项费用	供水	生活用水								
		中水								
		热水								
	供电									
	供气	煤气								
		天然气								
		煤气罐								
	供暖	集中								
		分户								
		自采暖								
	电话费									
	收视费									
	物业费									
	卫生费									
	网费									
	车位费									
	其他费用									

续表

	项目	名称/品牌	单位	数量	状况	是否交接	备注	产权情况确认
家电家具								是否解抵押： 是否过户： 其他：
								户口问题确认：
								是否已迁出： 迁出约定问题： 其他：
								公共维护基金确认：

	项目	单位	数量	是否交付	项目	单位	数量	是否交付
钥匙及凭证	房门钥匙				水门钥匙			
	单元门钥匙				电门钥匙			
	门禁卡				气门钥匙			
	信箱钥匙				暖门钥匙			

其他未尽事宜：

出售方确认：	购买方确认：	销售人员或门店经理确认：

第2章

房源问题都不是事儿

鲜有业主主动找上门？客户抱怨房源太少？房源整体质量差？寻找房源需要花费大量时间……房源的问题一直是房地产销售人员关心的头等问题。有时候为了找到好房源，房地产销售人员甚至都跑断了腿。其实，找到好房源哪有那么难，只要掌握正确的方法和技巧，房源的问题都不是事儿。

2.1 踩盘三件事：信息、时间与沟通

在阿里巴巴，每位销售人员平均每天要完成8个拜访。销售人员每天做的第一件事是熟知当天的销售目标和客户信息这些任务，然后每个人调整到最佳状态，浩浩荡荡踏上征途。

下午六点，销售人员回到公司进行销售夕会，不同组的销售人员一起分享当天成果、得失和挑战。为提升团队的销售技巧，团队会对一些销售难点进行沟通培训。

在每人平均8个拜访中，其中2～3个是有效拜访。这在销售行业拜访率是非常高的。可以说，他们的销售业绩得益于这样三点：对信息的准确搜集把握，对客户拜访时间的有效控制以及恰当合适的沟通方式。同样，在踩盘过程中，如果能做好这样三件事：信息、时间和沟通，那么销售人员的销售业绩也会事半功倍。

2.1.1 踩盘第一件事：信息

如今，企业越发重视市场调研。据统计，在一些外企，前期市场调研的资金已经超过了研发的费用。而在二手房销售领域，市场调研即踩盘，它是开发房源的第一步，也是相当重要的一环。而销售人员在踩盘时，所要做的第一件事就是收集足够的、有效的信息数据。

销售人员在踩盘之前，可以通过这样一些途径获得二手房的相关信息数据：

① 从各大房产网站和项目网站获得楼盘的基本信息。比如安居客、赶集网等，都有关于此楼盘的详细介绍，也有关于在售二手房数量、户型等方面的信息。

② 提前看一些业主论坛。在一些业主论坛上有很多关于此房源的帖子。通过这些帖子能对周边项目、经济、区位、环境、人文等有基本的了解和感受，还可以了解到细致的价格、客户满意度、入住率等信息。

销售人员在收集这些信息之后，可以为踩盘做准备，这样踩盘时也更有针对性。踩盘的时候，销售人员需要通过以下方法获取自己需要的信息。

（1）通过与售楼员交谈或与其他业主交谈，简单了解小区情况

踩盘时，可以先装作是客户，在售楼处看关于这个小区的一些具体数据，可以和售楼员交谈或与这个小区不同阶层、年龄、文化的业主交谈，来搜集关于这个小区的情况，比如小区的交通、配套、居住氛围等。

（2）一边闲逛，一边了解重要信息

销售人员可以在小区内随便逛逛，详细了解楼房的细节问题，如建筑风格、园林风格、配套设施、商业信息等。可以将此二手楼盘与其他楼盘进行比较，发现其突出的一些特点。必要时可以通过拍照来进行记录。

（3）踩盘中最具难度的一环：掌握足够的客户信息

踩盘中客户调查是比较有难度的，销售人员可以利用图2-1所示的三种方法来掌握客户的信息。

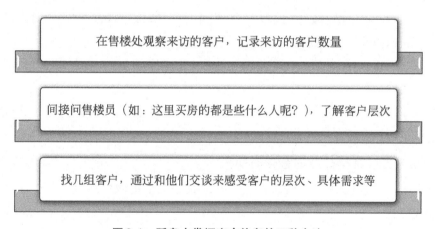

图2-1 踩盘中掌握客户信息的三种方法

（4）关于空置率调查

销售人员可以询问小区的保安，也可通过小区贴出的水电缴费表来判断空置率。凡是没有缴纳或很少缴纳水电费的，多是空置率很高的房屋。销售人员也可以挨家挨户去看，从外部观察装修情况，或通过有无晾晒衣服、使用空调、开灯等生活痕迹来判断空置率。

（5）通过调查，掌握准确的价格信息

关于某楼盘的均价很容易了解，但是要了解关于此二手楼盘的详细价格情况，如楼层差价、景观差价、价格走势的话，可使用表2-1所列方法。

表2-1 二手房价格调查方式

楼层差价	可询问相邻楼层同一房型的两套房子,两者相减可认为是楼层差价的大概数
景观差价	与楼层差价相似,即对同一楼层不同方向的2~5套房子进行价格问询
价格走势	盯准相同楼层的相似单元销售价格,将不同时期的价格进行相减得知涨幅度

2.1.2 踩盘第二件事:时间

(1)去售楼处探问楼盘消息

去售楼处探问关于此楼盘的消息,一般要避开以下几个时间段。

① 上午九点之前:楼盘销售人员很可能在开会。

② 午餐和午休时段:此时去,如果问到一些敏感问题,楼盘销售人员情绪不好,自然也不愿意解答。

③ 下午五点半之后:此时楼盘销售人员正在填写工作总结,或者参加培训、会议等。

除了这三个时间段,白天其他时间段一般都可以去售楼处打探,获取你想得到的一些信息。

(2)去居民楼踩盘的最佳时间段

直接在居民楼踩盘,判断其空置率,寻找二手房源,在以下几个时间点收获比较大。

① 周末:周末很多居民都在家休息,可以直接看到阳台上的晾晒衣物,就知道这家是常住户,另外,如果某些人家白天都拉着窗帘,基本判断为空置房的概率较大。

② 晚上:晚上去小区里散步,很简单的方法就是在晚上八九点这个时间段看亮灯率。连续散步两个星期,可以列出表格对比亮灯率,就知道该小区二手房源的大致情况了。

2.1.3 踩盘第三件事:沟通

踩盘时,如果是到了比较陌生的楼盘,可以假扮买房人探知房源;如果是自己很熟悉的区域或自己店铺所负责的区域，则直接开门见山比较好。

（1）假扮买房人

销售人员去陌生的楼盘探找房源时，可以将自己当作是买房人。如有必要，可以和同事扮成要来看房子的"夫妻"，这样无论是询问这个楼盘的售楼人员，还是与这里的业主或其他买房人员交流，都比较便利。

（2）直接表明身份，与同行或业主成为好友

在自己店铺所在区域，在平时就可以和楼盘的销售人员建立好关系，多认识一些楼盘的业主。这样即便二手房买卖和新楼盘销售之间是同行，但因为大家关系好，也没多少利益冲突，所以他们反而更愿意和你合作，甚至主动为你提供二手房源。至于说和业主维持较好的关系，一方面，这些业主可能是潜在的二手房卖主；另一方面，业主朋友也会给你介绍一些本小区的二手房源，带来多维人脉。

2.2　来客登记：抓牢优质房源处理法

业主直接来店内登记房源，这可以说是自动找上门的生意。但是有一点，业主不一定愿意做独家委托，甚至业主也会在这个过程中，对比多家房产中介，最终选择一家中意的。这就要求销售人员在接待业主时掌握一定的技巧，并且针对不同的业主，采取不同的应对策略。

2.2.1　接待业主的流程技巧

销售人员在接待来店拜访的业主时，需要遵循一定的接待流程，并在这个过程中适当运用一些接待要领，最好使客户到访一次就信任你，并愿意将房源委托给你。具体流程如下。

（1）接待业主最基本的四个要领

销售人员在接待业主时，需要把握一些要领，如图2-2所示。

（2）接待业主出售房源的具体流程

销售人员在接待业主时，可遵循如下的流程来进行：

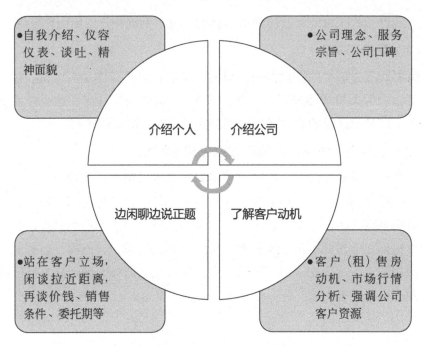

图2-2　接待业主的四个要领

① 当客户上门拜访时，可这样说："您好，先生（女士），有什么能帮到您的？请这边坐。"

② 询问客户房子的具体情况，比如房子现在是否在出租、有无装修、装修程度如何、产权年限、有无按揭等。

③ 站在业主的立场，为业主分析市场行情，介绍市场价格："您这套房子，按照现在的年限、朝向、楼层，可以卖到××万元。我们上个月成交了两套这样的，比这个价位稍低。"如果业主的表情显示"太低了"，那么，销售人员可以说："我们尽量帮您将价格挂得稍高一点，咱们详细谈谈。"

④ 争取拿到钥匙。销售人员可以这样说："我们看房时会给您打电话。或者您方便的话，可以将钥匙留在我们公司，这样不必每次看房都要打扰您等着客户了。"如果业主有些犹豫，可以说："您放心，我们公司客流量大，成交率高。您把钥匙放在我们这里，您的房子会很快（租）售出去的。"

⑤ 进一步与业主谈独家代理。在这个环节可多强调一些公司的优势，比如公司规模大、客源广、广告量大、服务质量高、成交率高等。

⑥ 登记客户房源详细资料，并询问客户有无其他物业出租或出售，再另为其登记。

⑦ 双手为客户递送名片，礼貌送客户出门。

2.2.2 针对不同类型业主的接待要领

直接来门店拜访的业主中，大致分为这样几类：真正有售房需求的业主、来了解市场情况的业主、身份不明的业主、在别的公司已经登记房源的业主、打算先买后卖的业主等。对于不同类型的业主，销售人员在接待方面也稍有区别。接待不同类型业主的要领如表2-2所列。

表2-2 接待不同类型业主的要领

业主类型	接待要领
真正有售房需求的业主	询问并记录业主房子的具体情况，包括地址、门牌号、产权、联系方式、看房时间等。销售人员可争取当场去看房，并和业主不断进行沟通，拉近距离
来了解市场情况的业主	这种业主一般并没有具体目的，可卖可租。对于这样的业主，销售人员要告知对方现在的市场行情。必要时，可举例说明某些客户的市场卖价等
身份不明的业主	这种情况下，可能是业主冒充客户来探知现在的售价，也可能是客户冒充业主想知道现在的行情。如果是前者，多会问要买具体某样的户型需要多少钱。而后者一般较少
在别的公司已经登记房源的业主	如果客户并没有在别家进行独家委托，那么销售人员可以从客户口中套出具体房源
打算先买后卖的业主	销售人员可以和业主具体分析，根据目前行情，是应该先买后卖好还是先卖后买好等。但是还是要尊重业主的意愿。另外，可试试向这样的业主推荐合适的房源

2.2.3 业主房源登记表

销售人员在记录业主房源时，要注意以下要点：小区具体位置、交通情况、小区规模、业主姓名与联系方式、房屋相关信息、装修情况、配套设置、物业产权等。为了方便记录，销售人员可用表格《业主房源登记表》来进行记录（见表2-3）。

表2-3 业主房源登记表

房源编号:		登记时间:		接待人员:		店面:
出售房屋信息:				业主信息:		
物业地址				业主姓名		
物业权属				电话		
房屋状况	住房面积： 建筑年代： 楼层： 装修： 不动产权证年代： 供暖与燃气状况：			确权情况		
				房屋状况		
				房屋价格		
				委托方式		
				其他		
房屋结构						
附：户型草图	（略）			1.业主保证以上信息的真实性。 2.业主不得与不动产约看客户私下交易。 3.××房产公司免费发布房源出售信息，免费预约客户看房，业主需配合。 4.补充条款（略）。 业主签字：		

2.3 扎根社区，商圈精耕掘"金子"

如今，房地产销售行业一直在讲"商圈精耕"，它已经成了房地产销售的基础作业之一。商圈精耕像种田一样，只要努力耕耘，就能获得不错的收获。商圈精耕能有效提升销售人员或中介公司门店在本商圈的知名度和信誉度，无形中增加附近二手房的成交率，可谓是最省时、最有效、最直接的获取房源的方法。

2.3.1 商圈精耕的划分

在二手房这个领域，我们所说的商圈精耕，是指房地产销售人员通过划定周边的商圈和社区、大楼，然后对其进行精耕细作，从一般的对周边楼盘社区的交通、商业点、教育设施等的了解，到熟悉楼盘的住户数、入住率、物业费，再到楼盘的投资价值等。简而言之，销售人员对商圈内二手房的了解要由浅入深，直到了如指掌。

在目前买方市场下，如何满足客户需求，如何迅速锁定合适二手房源，这是商圈精耕的目的所在。而在"商圈精耕"中，将以销售人员或销售人员所在公司为核心，逐层扩展，可划分为三个层次，如图2-3所示。

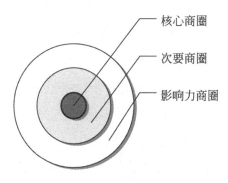

图2-3　商圈精耕的三个层次

① 核心商圈：以销售人员所在门店为圆心，向周围辐射1.5～2平方千米的范围。一般来说，步行需要30分钟的范围。核心商圈是最接近门店并拥有高密度顾客群的区域，一般顾客光顾很方便，核心商圈二手房成交额一般占所有成交额的55%～70%。

② 次要商圈：从核心商圈外围向周边辐射2平方千米左右的范围为次要商圈（自行车车程控制在20分钟范围）。一般在次要商圈进行一些日常性的开发和驻守即可。次要商圈二手房成交额占所有成交额的15%～25%。

③ 影响力商圈：从核心商圈外围向周边辐射大于2平方千米的范围。一般自行车程为20分钟以上。这个区域的客户一般是通过广告或网络搜索等找到此中介进行房源登记的。此部分客户房源成交额占所有成交额的10%左右。

2.3.2　商圈精耕的方法及意义

商圈精耕首先要做好规划，包括责任区域、配合事项、大楼或社区精耕、经营成果考核等。在这个基础上，将规划付诸行动。具体来说，商圈精耕可以遵循图2-4所示的流程进行。

图2-4　商圈精耕流程

（1）书写商圈精耕计划书

商圈精耕计划书按照核心商圈、次要商圈、影响力商圈来进行划分，分别书写圈内各小区特色、优点、缺点、物业公司、物业费、管委会名单与联络资料等。在这些资料的基础上，写出针对各个商圈的行动计划。

（2）建档并不断完善资料

计划书完成后，需要在接下去的不断行动中来完善业主名单，完善待售、委托、成交等资料，将其累计并持续运用。

（3）持续进行商圈精耕维护

在小区附近设点进驻，并与物业建立良好的合作关系。销售人员可以每天在固定的小区派单、看房。时间一长，小区的业主就会认识销售人员。销售人员趁机可以经常拜访一些业主，一方面拉近关系，还有可能成为朋友；另一方面，可就房屋的户型、面积、装修等情况进行详细探知。当客户需要卖房或他们有邻居朋友需要卖房时，自然而然就会找你。

另外，销售人员也可以在附近小区进行团队公益活动。比如定期给一些老旧小区清理垃圾，维护环境卫生。设置一些爱心助学行动、敬老活动，定期给社区里的孤寡老人送去问候等。这样时间一长，小区里的业主都会对销售人员产生极大的好感，房源自然而然就会找上门。

（4）进行覆盖式经营

商圈精耕要以覆盖式来经营，以核心商圈为点，带动其他商圈，达到点、线、面的延伸与辐射。销售人员要与小区业主、物业、管委会等建立良性合作关系，不断造势，从一个小区到更多小区，逐渐形成经营的滚雪球效应。

当你致力于以门店为中心，对核心商圈、次要商圈、影响力商圈进行深入"耕耘"、深入经营时，你就能赢得越来越多客户的信赖，客户愿意把自己的房源委托给你。同时，这些客户也会介绍朋友和邻居给你，这样长期下去，就能形成一定的局部优势。

2.4 电话礼仪，获取业主的信任

房产销售人员每天要接打大量的电话。很多销售人员认为，接、打电话很容易，就像当面和客户聊天是一样的。其实不然，接打电话进行营销是有很多技巧的，销售人员只有掌握了这些接打电话技巧，才能获取业主的信任，找到更多意向客户。

2.4.1 接听电话的礼仪技巧

销售人员会经常接到一些主动打电话询问房源信息的客户，一般来说，这种客户多为意向客户。销售人员只要掌握一定的电话礼仪与技巧，就能获取这些客户的信赖，使他们更愿意将房源托付给你。简单来说，销售人员在接听电话时，需要做好图2-5所示的几点。

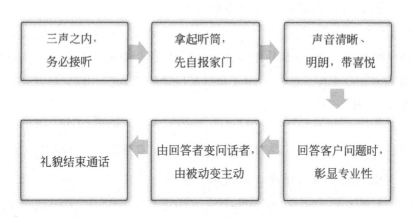

图2-5 销售接听电话流程

（1）三声之内，务必接听

销售人员接到电话，应立即拿起听筒，最好在电话响三声之内接听，这其实是一种心理战术。电话每响一声约3秒，从客户的角度来说，如果电话响了好多声再接，他在心理上就会觉得这家中介的销售人员不专业、懒散、没有责任心。而从销售人员的角度来说，在铃响第一声时，打断了你目前正在做的事，你需要用一点点时间来调节情绪，也就是用两声电话铃的几秒钟的时间，让你可以从容地暂停手边所做的工作，调整好心态来接待这个潜在的客户。

（2）拿起听筒，先自报家门

接电话时，如果想给客户留下深刻美好的第一印象，最好第一句就自报家门，并主动问候："××房产经纪公司，您好！有什么可以帮到您？"并且吐字清晰，声音听起来要亲切、悦耳。"自报家门"一方面可以增加客户的亲切感，另一方面，能向客户表达"自己就代表公司形象"的意识。

（3）声音清晰、明朗，带喜悦

打电话时，不能吸烟或吃零食，也不能弯着腰或躺在椅子上。任何懒散的姿态，对方都能"听"出来。接听电话必须态度好，声音清晰、明朗，带着喜悦的感情。吐字清晰，语速适中，话语简洁。这样你的声音传递给对方的是亲切、快乐、热情，对方会在无形中对你所代表的公司品牌产生一定的好感。

（4）回答客户问题时，彰显专业性

销售人员要熟知附近区域二手楼盘的实际情况，仔细研究如何应对客户可能涉及的问题，用公司统一的销售口径回答客户提出的问题。在回答问题的时候，尽显专业性。这样客户才会更加信赖销售人员，也更愿意将自己的房源委托给销售一方。

回答客户问题的时间不宜太长，否则会让客户感到厌烦，回答时间过短，对方可能并不清楚你要表达的意思。一般可控制在3分钟左右。

（5）由回答者变问话者，由被动变主动

销售人员不能一味成为被动问话者。在适当的时候，应由回答者变主动问话者，主动介绍、主动询问，在与客户的交谈中，既提供给客户他想要的信息，又从客户这里获得你想要的信息。

（6）礼貌结束通话

客户主动打电话咨询，说明他有一定的购买需求和兴趣。在即将结束通话时，千万要记得约请客户前来面谈。在约请客户时，你要清楚告知对方经纪公司地址、交通路线、附近标志性建筑等，让客户能很容易找到位置。

你还需要主动告诉客户你的电话以及联系方式，并再次表达希望客户来公司洽谈售房事宜的愿望。

在挂电话时，销售人员一定要注意不要鲁莽挂断，也不要重重扣电话，要等对方先放下电话，然后自己再轻轻放电话。

2.4.2 客户咨询电话记录表

在接通电话过程中或接听电话之后，一定要及时记录下客户的相关信息，这可为日后销售分析做准备。你可以使用5W1H技巧，所谓"5W1H"是指这样六种元素：When何时，Who何人，Where何地，What何事，Why为什么，How如何进行。在接打电话过程中，销售人员可使用这种方法来记录客户信息，简洁、便利、清晰。

另外，销售人员不妨使用表格对接听电话进行有效记录，如表2-4所列。

表2-4 客户咨询电话记录表

时间	姓名	性别	咨询内容	认知途径	产权及面积	显示电话	自报电话	备注	销售代表

2.5 独家委托，打动业主要靠诚意

销售人员都希望业主能够进行房源独家委托，这对销售人员和业主来说，都有一定的好处。

站在房产中介的角度来说，房源经过独家委托之后，一旦有真心喜欢这

套房子的客户,只能通过本渠道购买,价格上占有一定的优势。独家委托也表明业主对中介公司比较看好,认同本公司的员工能力和专业水平,公司的房源实力会因此而更强。签独家在一定程度上可以稳住业主,还能防止由于房产市场价格不稳定所带来的业主反价,对业主有一定的约束力,不容易被行家抬价。

从业主的角度来说,独家委托之后,业主可以将房子和钥匙委托给一家房产中介,房子的内部装修和家具家电等更安全。否则一旦多家公司都有钥匙,那么房间内装修损坏或家具家电损坏等问题就无法明确责任。另外,业主委托中介全程陪客户看房,也为自己节约了不少时间,生活和工作的节奏不至于被卖房打乱。

2.5.1 鉴别适合独家委托的房源

即便独家委托对中介方和业主来说都有一定的好处,但获取业主的独家委托并不是一件容易的事。那么销售人员该如何说服业主来进行房源的独家委托呢?

并不是所有的房源都适合做独家委托,在说服业主进行独家委托之前,销售人员需要先鉴别哪些房子适合独家委托。一般来说,准备谈独家委托的房源需要具备一些条件,如图2-6所示。

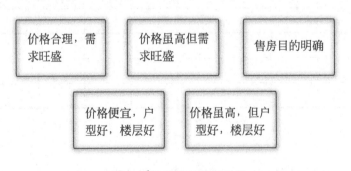

图2-6 独家委托房源条件

2.5.2 说服业主独家委托四步法

销售人员在明确了哪些房子适合做房源独家委托后,就可以和业主展开谈判了。可按图2-7所示分步进行。

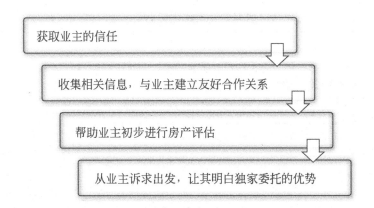

图2-7 谈独家委托房源的流程

（1）第一步：获取业主的信任

锁定你要谈的独家委托房源，在给业主第一次打电话时，就让对方一下子记住你。比如你可以在打完电话后，再发一条短信："您好，我是××地产公司置业顾问××，很高兴能为您提供服务。"销售人员在业主第一次登门造访时，就将自家店的优势、体系优势、自我优势等展示给客户，获取客户的信任。

（2）第二步：收集相关信息，与业主建立友好合作关系

在初步与业主建立信任关系的基础上，就可以通过电话、面谈或房产勘察等手段来获得关于房产和业主的一些基本信息，包括房产本身特点、融资情况、开支、物品清单、业主出售动机、价格期望值等。并在收集这些信息的过程中，与业主建立友好的长期合作关系。

在与业主建立初步信任的基础上，通过专业化的电话接听、客户面谈和房产勘察，收集与业主和房产相关的信息，甄别出可做独家委托的房源，并与业主建立友善的关系。

（3）第三步：帮助业主初步进行房产评估

销售人员可通过市场调研工作向业主描述当前市场状况，帮助业主了解你的营销策略，并帮业主确定一个有竞争力的价格。

（4）第四步：从业主诉求出发，让其明白独家委托的优势

销售人员要站在业主的角度，从业主诉求出发，让业主明白独家委托的优势（见表2-5）。

表2-5 独家委托房源优势分析

优势	具体阐述
省时省力	多家公司代理房源，使得看房客户多，业主无形中浪费很多时间。而独家代理则会帮业主代办一些手续，节省了大量时间
安全系数高	独家委托时，房主只与一家中介联系，增加了安全性
客户筛选	独家委托的房源，销售人员在带客户看房前都会对客户进行筛选，选取真正有意向的客户
保障利益	多家代理销售房屋时，销售人员会争先恐后和业主议价，业主利益得不到保障；独家委托则会给业主一份实际成交价，使业主利益得到保障
成交效率高	房产公司会为独家委托的房源优先打精品广告，推荐范围广，成交效率高

2.5.3 《独家委托协议书》范本

委托人（甲方）：＿＿＿＿＿＿＿＿＿＿

受托人（乙方）：××房产经纪公司

甲乙双方根据中华人民共和国有关法律法规，在合法、平等、自愿、相互信任的基础上，就甲方委托乙方代理出售其房产相关事宜，签定以下协议，并共同遵守。

一、委托代理方式：独家代理

二、委托出售房产情况

物业名称：＿＿＿＿＿＿＿＿＿＿；物业产权人：＿＿＿＿＿＿＿＿＿＿；

物业地址：＿＿＿＿＿＿＿＿＿＿＿＿＿＿＿＿＿＿＿＿＿＿＿＿＿；

物业建筑面积：＿＿＿＿＿＿＿＿；物业用途：＿＿＿＿＿＿＿＿＿；

不动产权证或其他物业权证名称以及编号：＿＿＿＿＿＿＿＿＿＿；

物业权属：＿＿＿＿＿＿＿＿＿＿＿＿＿＿＿＿＿＿＿＿＿＿＿＿。

三、委托出售价格

委托售价为（人民币大写）：＿＿＿＿＿＿＿＿＿＿＿＿＿＿＿元整（小写：￥＿＿＿＿＿＿＿＿元）。

四、委托期限

本协议委托期限为＿＿＿天，自＿＿＿年＿＿＿月＿＿＿日至＿＿＿年＿＿＿月＿＿＿日止，此期间乙方为甲方的独家代理服务提供者。

五、甲方责任

1. 声明：甲方保证上述房地产信息准确无误。若发生与甲方有关的产权纠纷或债权债务，概由甲方负责并承担民事责任，因此给乙方造成的经济损失，甲方负责赔偿。

2. 按国家政策规定在办理过户手续时，甲方需缴纳的相关费用由甲方承担。

3. 甲方在客户每次看房完毕后，应在《客户看房确认书》上签字认可该看房行为。

4. 甲方应按期支付代理费，否则按应付款的1‰向乙方支付逾期付款违约金。

5. 甲方代理人签订协议时，应向乙方提交授权范围和权限明确的并且有双方签名的《授权委托书》，否则签署人承担本协议规定的全部责任。

六、乙方责任

1. 乙方按甲方委托事项要求代理房产出售，充分利用自身所拥有的资源和推广途径，积极为甲方寻找合适买家，并将进展情况及时反馈给甲方。

2. 乙方为甲方进行房屋价格评估（初估），接受甲方咨询，解答相关问题。

3. 乙方协助交易双方签订与房产交易相关的《房屋买卖合同》等法律文件。

4. 如因甲方提供资料不真实而导致交易不能完成，乙方不承担任何责任。

5. 在实际销售过程中，乙方各类广告发布费用自行承担。

七、代理服务费

1. 乙方在甲方房产成功出售（即签订《房屋买卖合同》）之前，不收取甲方任何服务费用。

2. 如无其他约定，甲方在同乙方提供的购房者签订正式房屋买卖合同时，按国家及行业相关规定向乙方全额支付代理服务费。费用如下：

代理服务费：实际成交总房款的____%。

八、代理约定

1. 甲方在委托乙方代理期间，应积极配合并协助乙方开展正常的经纪活动。

2. 乙方应积极为甲方提供全程代理服务。

3. 委托期限内，当售出价格等于或大于委托价时，乙方有权代收买方的定金。甲方在得到乙方通知后五天内必须签订《房屋买卖合同》，否则视为违约。

4.本协议终止前及终止后六个月内，甲方本人及其房产共有人均不可自行与乙方介绍的买方及其任何形式的亲友或其他与该买方相关联的人员交易，否则视为甲方违约，甲方须向乙方支付违约金，为委托售价的3%。

5.如乙方发现甲方提供的资料不真实，或不具备出售条件，或甲方拒绝与乙方推介的满足甲方委托条件的客户成交，乙方有权终止代理协议，并有权要求甲方向乙方支付违约金，为委托售价的3%。

6.为追偿本协议约定损失而发生的仲裁、公正、律师等相关费用均应由违约方承担。

九、免责条款

在代理期限内，如因不可抗力因素造成合同不能履行，本合同自动终止，双方均不承担违约责任。

十、争议处理

本合同在履行中如发生争议，双方应协商解决。协商不能解决的，双方同意提交××仲裁委员会仲裁。

十一、协议的效力

本协议一式三份，甲方一份，乙方一份，区域一份，自双方签字之日起生效。

十二、补充条款

_____

_____

甲方（签字）：　　　　　　　　乙方（签字）：

身份证号码：　　　　　　　　　公司名称：

现住址：　　　　　　　　　　　公司地址：

联系电话：　　　　　　　　　　联系电话：

　　　　　　　　　　　　　　　签约日期：　　年　月　日

2.6 房源跟进，说服业主的流程

一位刚毕业的男孩得知一家大型公司正在招聘，但当时已是应聘截止日期的最后一天，他赶紧把简历投给人事部。他这种做法也使自己的简历能放在众多应聘者简历上面。一周后，他给人事部打电话，询问是否收到了他的简历。四天后，他又给人事部打去电话，询问是否愿意接受他的自荐信。又过了两天，他直接将自荐信送到了人事经理办公室，接着又打电话过去询问自荐内容是否清晰。这家公司对他的这种专业"跟踪"印象深刻，如今他已经跻身这家公司美国分部的管理层。

其实，"进程跟踪"是销售工作极为重要的环节。研究发现，销售工作的顺利进行与进程跟踪成正比：20%的销售是在第一次接洽后完成，而80%的销售是在第4～11次跟踪后完成的。

2.6.1 房源跟进的要领

我们在进行房源跟进时也是这个道理。房源跟进不仅使业主能记住你，而且一旦业主采取行动，首先想到的就是你。这里先给大家介绍一下房源跟进的要领，具体做法如下。

① 当你获取房源信息后，一定要在第一时间联系业主。并争取取得看房、拿钥匙、独家委托等优先权。

② 经常在小区"散步"，并帮一些业主做力所能及的事情。主动与业主聊天沟通。

③ 了解同行业门店房源动态，学习其优势，避免其劣势。

④ 与小区的物业人员保持好的关系，能获得关于小区二手房的更多信息。

⑤ 房源跟进频率半个月一次为宜，确保在第一时间获取优质房源。

⑥ 可选择恰当的借口，在业主方便时，到业主家做客、家访。

⑦ 对已有房源信息，及时进行电话跟进。和业主沟通时，可以多聊业主感兴趣的话题，并选择恰当的时间打电话沟通。对于重要的房源需专人跟

进,以求在短时间获得业主极大的信任,能成为朋友则最好不过。

⑧ 在尽可能短的时间内摸清业主卖房的真正目的、业主的价格谈判空间、业主的性情爱好等问题。

2.6.2 房源跟进的步骤

图2-8给大家介绍了房源跟进的几个重要步骤。

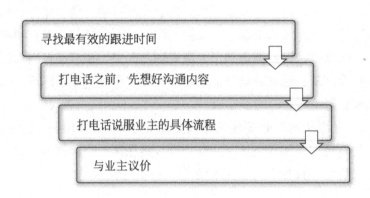

图2-8 房源跟进步骤

步骤一:寻找最有效的跟进时间

一般来说,人们上班时间普遍在早上9点到下午5点左右。这个时间段给业主打电话找房源,如果碰到工作很忙的业主,心理上可能会比较反感。相反,如果我们错过这种工作高峰时间段,在非高峰时间,比如在上午9点之前,中午12点至13点,下午5点至6点半来安排销售电话,更容易被业主接受。另外,很多人在周一上午10点钟要参加每周例会,也有的在周一下午参加每周例会。因此,周一的上班时间并不是和业主打电话找房源的好机会。

步骤二:打电话之前,先想好沟通内容

销售人员在给业主打电话之前,最好先想好沟通的内容,并猜测业主可能的种种反应。这样在脑海里预演一遍,在真正和客户沟通时,可有效提升应变力。在电话沟通之前,要想好自己此番交流所要达到的目的,是获取独家委托还是说服业主进行房源登记。销售也要想好如何通过预演技巧来实现。

步骤三：打电话说服业主的具体流程

销售人员在给业主打电话进行房源跟进时，可参照以下流程来进行：

自报家门："××先生（女士），您好，我是××地产的××。"让自己的名字在业主那里留下深刻的印象。

确认登记信息："请问您××（小区）×号×室的房子，明天方便看房吗？（还在出租吗？周末看房方便吗？）"销售人员询问小区和房号是为了避免登记错误，以免造成不必要的麻烦。询问房子现状，会给客户一种值得信赖与可托付的感觉。

询问房子详情：包括房子的装修情况、配置、物业费等，以便在和客户报价时有所掌控。

步骤四：与业主议价

在与业主沟通时，言谈中要表现出客户看重房子，已经备足定金，探知业主诚意。如果业主卖房心切，就可以在一定范围内进行议价。如果不好议价，客户也不想让步，这种情况下，可以告诉业主另外帮他找客户。如果业主急卖，一般会立即做出一部分让价，一套房子跟进到这一步，成交已经胜券在握了。

销售人员在进行房源跟进时，需要注意务必让客户对你加深印象；每一次跟进之前，都要提前准备好漂亮的说辞；跟进的时间间隔不能太长也不能太短，以半个月为宜；跟进时，切勿流露出太希望做成这一单的愿望。

第3章

卖点、卖点还是卖点

同样是卖房子,同样的地段,同样的价格,有的房产销售人员平均每天卖出去一套房子,而有的销售人员可能一年只卖出去一两套。这是为什么?

卖点是商品销售的生死环节,是交易成功的决定因素。前者抓住了房子的卖点,使购房者趋之若鹜;而后者将房子的卖点提炼错了,所有努力都打了水漂。二手房的卖点如何提炼?无非是时机、视觉、功能、心理等因素,当然还需要一个好故事。

3.1 卖时机：时机找得准，单子抓得稳

在股市里，输赢的概率其实变化不大，但股市参与者买入和卖出的时机却成了输家和赢家的分水岭。当大盘形成大头部时，当股价大幅升高、成交量大幅扩大时，当日K线条出现十字星或阴线时，这些从理论技术层面来说，可能就是卖出的好时机。

卖房子同样也是这个道理。从大局来说，楼市起起落落，楼市政策也在不断变化中。销售人员如果能抓住这些楼市变动所带来的机会，就能稳抓单子，促成交易。而从客户的购买心理方面来说，销售人员如果能抓住业主和购房者的心理特征，把握合适的时机，也能完美促单。

销售人员如果想把握促单的好时机，首先要对大形势下的楼市时机有一定的了解。图3-1列举了几种楼市里典型的黄金成交时机。

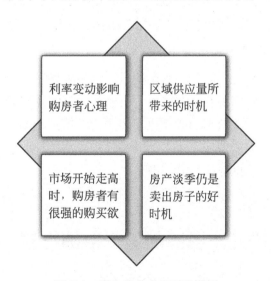

图3-1　楼市黄金成交时机举例

（1）利率变动影响购房者心理

在利率不断下调的情况下，购房者在考虑自己的支付能力和资金流动性的基础上，会在银行不断降息的时候及时出手购买合适的房源。因此，销售人员在促进成交过程中，可有意无意提醒买方利率下行的影响。对买方来

说，低利率情况下，个人贷款买房成本下降。如果利率持续萧条，也会刺激房企拿地需求，在土地供给不变的情况下，地价提升，那么在未来房价也有提升的可能。

（2）区域供应量所带来的时机

房产市场供应者有开发商和二手房业主。在同一个区域，如果市场属于上升时期，二手房的价格会低于一手房。如果在同一区域一手楼盘较多，那么一手楼盘之间为了抢夺更多客户，定出的价位也会相对合理。此时，二手房涨价空间不大，购房者这时出手，会买到性价比较高的二手房源。在同一个区域，如果一手房源供给不足，那么就会出现一些二手房主奇货可居，二手房的价格上涨幅度就大。此时的形势更利于二手房卖家及时出手。

（3）市场开始走高时，购房者有很强的购买欲

房地产市场和金融市场类似，无论是刚需族、换房者还是投资者，普遍有种买涨不买落的心理。房价一路下跌时，人们一般持币观望；房价开始走高时，大家才开始抄底。因此，在房价走高的趋势下，此时销售人员只要稍微提醒购房者当前的市场行情，一般购房者都会很快做出购买决定。

（4）房产淡季仍是卖出房子的好时机

对于一些业主来说，即便在房产淡季，也是卖房子的好时机。房子在自己手里，要支付物业管理费、装修费、维修费、银行利息等。如果此时租售比很低，业主从租金里获得的收益也不多。而在房产淡季，一些需要换房子的业主会卖掉自己以前的房子来买改善性住房。房主此时及时出手多余的房源，便可以为下一步投资计划备足资金。

3.2　卖视觉：漂亮的房子谁都想要

法国有这样一句经典的谚语："即使是水果蔬菜，也要像一幅静物写生画那样艺术地排列，因为商品的美感能撩起顾客的购买欲望。"

的确如此，如今人们购买一套房子，已经不仅仅关心房子本身，而且更关心自己所要购买房子的开发商是否有名气，外形和室内效果是否在视觉上让人感觉很舒服。从这一点来说，房子在售卖的时候，更应关注一些外表的

细节，让这些带给客户美好的视觉体验，使客户由衷地想买下这套房子。

3.2.1 店铺视觉营销的价值

视觉是营销中一个很重要的卖点，无论是漂亮的衣服，还是"有型"的房子，都可以通过视觉给客户带来美好的审美感觉，并激发客户潜在的购买欲。

"视觉营销"起源于二十世纪七八十年代的美国，是作为零售销售战略的一环登上历史舞台的。视觉营销是一种视觉呈现，是大众感官的视觉体验方法，它通过商品带给客户直观的视觉冲击力，进而达到营销的目的。视觉营销主要包含图3-2所示内容。

图3-2 视觉营销内容梗概

在二手房买卖中，卖视觉其实在客户进入店铺那一刻就开始了。店铺如果在整体环境和房源广告列表上做出一些文章，客户也会因为这种良好的视觉感受而选择此家的房源。因此，房产销售人员的店铺在设计时要考虑本身业态、规模、客户阶层、房源列表设计等因素，另外，在色彩、照明、装潢等方面也要注意。这里有些建议供销售人员参考，如表3-1所示。

表3-1 视觉区域营销要点

视觉区域	视觉区域营销要点
走道	在入店的走道布局上要遵循纵横交错的原则。一方面要考虑到客户驻足看房源信息这一点；另一方面也要考虑到让客户看得慢一点，再慢一点
灯光和亮度	房产经纪公司最好选择光线极好的位置，也可以利用白色光源的灯光照明来让店铺显得更加宽敞明亮。这样客户进来后就很容易产生愉悦的情绪

续表

视觉区域	视觉区域营销要点
背景音乐	背景音乐作为一种辅助手段，可以营造快乐、轻松的环境氛围。客户进店之后，在心情放松的情况下，就更愿意在这家店铺登记房源信息或者寻找合适的房源
环境卫生	店铺环境分为外部环境和内部环境。外部环境指店铺外的门口、玻璃墙面、门前空地、台阶等，内部环境包括店内玻璃墙面、地面、桌面、角落等。干净整洁的店铺环境使人心情舒畅，更愿意长时间停留，对销售业绩有着很微妙的促进作用
房源海报	房源海报要张贴在门店橱窗外一部分。这一部分海报上放置一些具有一定价格优势的房源。在店内也要在客户很容易看到的位置张贴或放置房源海报，最佳性价比的房子要放置在最显眼的位置。房源海报要看上去精美
物品陈列	适当摆放一些绿植，摆放充满朝气的团队合作照片，摆放一些资质认可证书等，店铺摆设尽可能给人以专业、可信度高、舒服的感觉

3.2.2　二手房视觉营销要点

视觉卖点中，业主的房源带来的视觉感受也是相当重要的一环。再漂亮的房子，在即将售卖的时候，都离不开一个好"摄影师"。销售人员在给房子拍照时，可以参考这几点来达到很好的视觉效果（见表3-2）。

表3-2　视觉营销拍照技巧

合适的拍摄器材	闪光灯、快门遥控器、广角镜头、带有水平仪的三脚架、灰卡
把握光圈和快门	房间的整体布局用小光圈、大景深来拍摄；美丽的小细节用大光圈来拍摄
拍摄光线的选择	最合适的拍摄光线是在柔和的自然光下。也可以尝试自然光与人造光的结合。对于暗一些的角落，可用离机闪光灯来照亮
拍摄角度的选择	站在房间一角，呈45°来拍摄全景。如果是有斜面或造型独特的房间，也可考虑用其他角度拍下细节
房间的布局	在拍摄之前，最好将房间提前布置好。蓬松的坐垫，整齐的桌椅，大盆的花树等，这些房间布置细节要呈现在照片中，要尽可能看上去有温馨的居家感
后期处理	可以通过美图秀秀、Photoshop等修图软件来校正光线，去除阴影，调整对比度，给人以很好的视觉感受

对于急于卖房或者想让房子卖个好价钱的业主来说，销售人员可建议其做好房子的清洁工作，或者进行进一步装修美化。销售人员在拿到业主钥匙成为独家委托之后，也要帮业主做好室内的卫生，保持房子的装修效果，使得房子看上去美观、整洁、漂亮。

3.3 卖功能：寻找客户的真实需求

传统房子的功能就是用来住的，可如今的房子除了居住这一主要功能，还附加了许多其他的功能，诸如：升值保值、地段优势、居住舒适度、周围圈子、居住品质、生活方式、社会地位等。销售人员在售房的时候，不仅仅是卖"居所"，更是卖"生活"。

3.3.1 现代购房者考虑的房产附加功能

如今，购房者在置业时，除了考虑是否适合居住这一基本功能外，还会考虑其他诸多功能，具体如表3-3所列。

表3-3　购房者置业考虑的因素

附加功能	具体体现
保值与增值	占据一定的地段优势，与同地段房屋相比较，具有较高性价比，在不久的未来具有一定行政规划或商业规划潜力，具有较高租金收益以及有足够升值空间
安全性	物业管理好，保安设置和智能化设置完善，有一定数量的管理员
品质	小区的绿化、健身设施、花园、楼间距等规划合理，周围空气质量与景观皆佳，房型南北通透，安静敞亮
便利性	交通、商场、学校、医院、市场、健身、文化娱乐等很便利
舒适度	物业管理较好，社区户型和设施具有人性化的设计
社会地位	住户的素质、周围商场定位、楼盘的品位、小区的定位都普遍比较高

在二手房买卖中，房产的功能就是一大卖点。销售人员在与客户沟通过程中，可以多从这些功能性卖点出发，寻找能够满足客户购买需求的功能，促使客户购房下单。

销售人员小王在登记《客户购买需求单》时，大致掌握了各个客户的购买需求。客户老赵有两套房子了，但是还想买一套用来出租，以房养老。小王在分析了老赵的需求之后，就带老赵看了一些符合条件的房子，他根据老赵的需求，强调这些房子的一些附加功能，诸如周围有很多在外企的白领租住，素质比较高，多是长租客；两居室月租金2600元都是白菜价；这一带交通特别方便，地铁站走十分钟就能到……老赵衡量这些附加功能后，觉得在这里投资房产用来出租是非常有价值的，很快就签了《购房合同》。

销售人员在用功能营销时，并不是随意跟客户讲这房子附加功能如何多，如何物超所值，这样的泛泛之谈并不能打动客户。销售人员在使用功能卖点营销时，必须从客户的需求出发，讲客户最关心的附加功能才能达到好的营销效果。

3.3.2 功能营销中的细节问题

销售人员在向客户讲述房产的附加功能时，可以从以下细节入手，更容易说到客户心里去。

（1）保值增值

销售人员在向客户介绍房子时，不要强调价格，而是要强调价值。"价格比周边小区低很多""我们家价格挂得比别家低"……这样的一些话语，有时候反而使客户容易产生一些不必要的顾虑。

销售人员必须对所销售房屋周边楼盘的商圈或未来规划等了如指掌，也要熟悉这些楼盘的租金回报率。在向客户描述功能时，着眼于远期楼价，未来的升值空间、附近的交通、商业配套等。

（2）安全性

销售人员在介绍居住安全性这一功能时，可从三方面入手，如图3-3所示。

（3）品质

对于一些年轻人或者生活层次较高的客户，他们比较注重小区品质。销售人员在与这些客户沟通时，不妨这样说："这小区是某大开发商建造的，建筑师是法国的某某，很有法国浓郁风情小镇的味道。""这个小区的绿化率是附近小区最高的，附近很多人都来咱们这小区健身晨练。""咱们小区朝向一律正南正北，南北通透，从大落地窗一眼望去，就是某著名景区，很敞亮！"

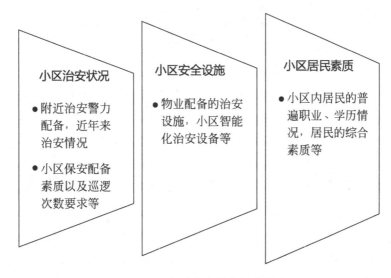

图3-3 小区安全性介绍举例

（4）便利性

如果客户是为了改善居住条件，买大房子以满足三代同堂，或者客户是老人，在这些情况下，销售人员要将小区周围的便利性这一功能放在重要位置。跟客户这样说："附近买东西很方便，出门走三百米就是附近最有名气的市场，您平时买菜、买肉、买面很方便。咱这儿还挨着一个区重点小学和中学，瞧，那边就是医院……"对于这些客户来说，生活的便利使他们选择这个小区的概率一下子大了许多。

（5）舒适度

销售人员最好在带客户看房子的户型设计时，告知客户房屋结构在设计的时候是充分考虑到舒适性的。比如你发现客户是一个很浪漫的人，那么在说到阳台的落地窗时，你可以建议客户小两口在星空闪烁的夜晚，品着红酒，俯瞰城市美景。当你发现客户对露台感兴趣时，可以随声附和说："朋友来了家里，可以在露台BBQ，再来点背景音乐，天南海北闲侃，多好！"

在强调居住舒适度时，一要看你的客户是什么性格的人，二要根据客户个人需求，强调适合他的舒适度部分。

（6）社会地位

如果房产所在商圈有一定的社会影响力，那么，销售人员在和客户沟通时，不能少了这一点。就拿一个临近富人区和高校区的小区为例：

销售人员茉莉在带客户看房的路上，跟客户闲聊说附近住了一些有名气的人，"小区的保安和某明星很熟，他们是一个地方的人。"茉莉看客户很感兴趣，又说起自己在这个小区认识的几位富人是从事什么行业的，如何抓住机遇，突破中产阶层，跃入富人行列。客户听了这些介绍之后，对这个小区二手房的兴趣也加深了。

3.4 卖心理：用"恐惧""贪婪"激发客户购房欲

三十年前，巴菲特在谈到价值投资理念时，说过一句很经典的话："别人贪婪时我恐惧，别人恐惧时我贪婪。"大众对此的理解基本上是：在别人都追涨的时候，你要心怀恐惧，及时抛出；反之，在别人恐惧纷纷抛售股票时，你则要贪婪一些，适时买入，长期持有。

我们姑且不说三十年前的这种价值投资理念是否可行，单单说恐惧和贪婪，这几乎是人性的弱点，也是最容易被营销的部分。销售人员在售房时，如果能及时捕捉客户的这两种心理，往往很容易就能说服客户尽快做出购买的决定。

嫉妒、贪婪、恐惧、虚荣、冷漠、傲慢等都是人性的弱点，其中，"恐惧"和"贪婪"是最容易引发人们购买冲动的弱点，也是营销中最容易攻克的心理弱点。比如，在房价不断上涨，尤其是涨幅大的时候，人们的恐惧心理和贪婪心理就会占据上风，此时，即便人人都知道楼市有风险，但是仍然阻挡不了由恐惧和贪婪而激发的强烈的购房欲。

3.4.1 弱点营销：恐惧

我们先从客户的"恐惧"心理说起。其实客户在对每一种商品消费背后，都存在一种心理需求。这种心理需求从本质上说，是希望自己所购买的商品能给自己解决问题，消除恐惧。而每一种商品在消费的过程中，都存在一定的"恐惧点"。客户对于房产的消费同样存在这样的问题。我们需要做的是，找到客户的恐惧点，并以此来营销。那么，在房产销售中，销售人员如何抓住客户的恐惧点，进行心理营销呢？大家不妨参考图3-4所示的这几点。

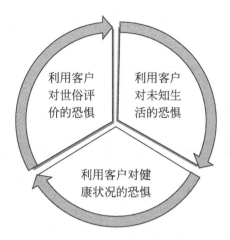

图3-4 心理营销的三个要点

（1）利用客户对世俗评价的恐惧

在人们的购房心理中，有一部分是被世俗评价所逼迫的，比如结婚买房。大部分情况下，人们也不一定非要结婚买房，但是当身边的亲戚朋友都在说这样的话时，诸如"那谁谁婚房敞亮着呢！""结婚不买房，愁坏丈母娘！"很多人都会被这种舆论影响，下定决心买房。

还有的情况下，很多人以房产的多少来评价一个人的财富水平。比如"那谁谁有三四套房呢！""房子能保值，有钱就买房。"在大众的价值观下，很多客户买房心切。

（2）利用客户对未知生活的恐惧

人们最大的恐惧是来自于对未来的"未知"。在房产市场上，"未来价格是否会大涨""未来如果住不上房了怎么办""以后如果限购令更严厉，是不是该现在就入手一套"……这些对未来房价的恐惧心理，能有效刺激人们的购买欲。

此时，如果销售人员能为客户灌输"现在买房很值""你相中的房子超值""趁现在政策宽松，可以入手"等观点，消费者的购买决心会更加坚定。

（3）利用客户对健康状况的恐惧

人们对于健康状况的恐惧是很典型的，这看上去似乎跟买房没有太大关系，其实不然。在一些老年购房者中，大家宁可卖了市区很值钱的小户型房子，来一些医疗条件和环境都很好的郊区购房养老。其中，就有这种心理在起主导作用。对于老年购房者来说，销售人员尤其要抓住客户的这种心理。

3.4.2 弱点营销：贪婪

我们再从客户的"贪婪"说起。贪婪在某种程度上，甚至决定了客户的最终购买决定。客户的"贪婪"主要表现在：希望自己买到的房子在价格上占优势，在价值上是超乎期望的。销售人员在售房的过程中，可以这样做来调动客户的"贪婪"之心，如图3-5所示。

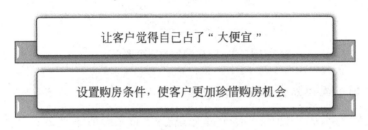

图3-5 调动客户贪婪之心的要点

（1）让客户觉得自己占了"大便宜"

销售人员可以通过以往的经验或对比，让客户了解到自己即将买到的这套房子是非常划算的，自己"占了大便宜"。我们举例来说：

销售人员小贾在和客户聊天时，说道："刘先生，您这房子算是买合适了。我们前一阵儿刚卖出去这个小区同样户型面积的房子，装修程度比咱们这套差了些，可价格比咱这套高了足足十万。这也就是业主着急用钱，才会以这个价钱卖呢！"客户会觉得自己占了很大的便宜，大有必须买下这套不可的心理。

（2）设置购房条件，使客户更加珍惜购房机会

处于"有利可图"的心理，人们不会将"到手的利益"拒之门外，对于那些"好不容易才能得到的利益"更是倍感珍惜。因此，如果在销售过程中，能给购房设置一些条件，提高门槛，反而更加激发人们的购买欲。例如，某些大都市，设置种种购房条件，这些条件越是苛刻，购房者反而越是趋之若鹜。在销售过程中，销售人员可有意无意告诉卖方"最近房价这么高，房子不容易卖出去"，同时再告诉买方"购房条件限制越来越多了，要买就趁早"。这样的话，买卖双方都会因为担心房价变动，想获得既得利益而尽快成交。

销售人员如按照这些方法充分挖掘并利用人们的"恐惧"与"贪婪"之心，使客户能够从利益与美誉方面获得双丰收，那么客户买房就是水到渠成的事情。

3.5 卖未来：卖二手房也是在卖"未来概念"

如今，一些有名的房企卖的不仅仅是房子和地段，更重要的是一种居住理念和生活方式。这些房企在开盘之前，往往就已经建好了配套设施和园林景观。购房者在第一时间身临其境，进行现场体验，感受未来在这里的美好生活。

其实，在二手房销售中，此招也是销售人员必杀技之一。销售人员如能在客户购房过程中善用"理念体验"，让客户还没有买房就已经感受到房子所能给他以及家人带来的诸多益处，客户就会产生强烈的购买欲。

"卖未来的生活方式"这种理念，其实也就是一种"概念营销"。所谓概念营销，是指企业在市场调研和预测的基础上，提炼产品或服务的特点，创造出某一具有核心价值理念的概念，并通过这种概念向目标客户传播产品或服务所包含的功能取向、价值理念、文化内涵等，从而与目标客户群产生心理共鸣，促使其产生购买心理，进行购买行为。

从房地产的角度来说，概念营销具有这些基本特征，如图3-6所示。

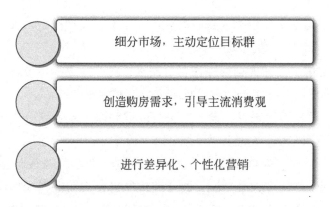

图3-6 二手房概念营销特征

(1)细分市场,主动定位目标群

概念营销以STP理论为基础,主动定位目标客户群。STP理论也称为市场定位理论,它包含图3-7所示的三个元素。

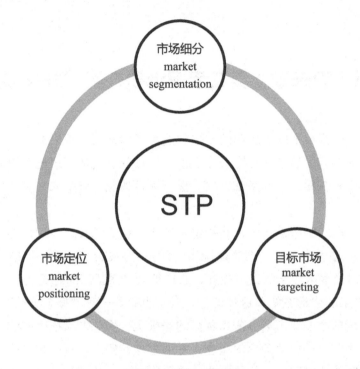

图3-7 STP三元素

① 市场细分:企业应该根据客户不同需求、购买力等因素把市场分为由相似需求构成的消费群,细分市场。

② 目标市场:企业根据自身战略、产品情况、发展前景,在细分市场选择符合公司目标和能力的市场作为目标市场。

③ 市场定位:企业根据目标消费者需求,对产品进行定位,并通过营销活动向目标客户群传达相关信息,让客户感知到需求所在。

具体到二手房销售来说,销售人员可以按照以下步骤细分市场,定位目标客户群。我们以某著名房企建设的公寓来说:

● 第一步:我们先确定这个小区市场范围,即小区在设计上有新风系统、地暖、晒台等。多为小户型,物业费比较贵,但物业附加功能很多。还有各种适合老人的娱乐设施。这样的二手房源明显是针对老年客户的。

- 第二步：来店里的客户分为无意向客户和有意向客户两种。而有意向客户中又可分为不同的类型，即刚需买房型、投资客、改善换房型、买房养老型等，而此楼盘对于养老买房型客户来说，尤为合适。
- 第三步：我们开始列举出此类客户的详细需求，可从地段、心理、人口等方面来列举各项变数，分析出客户更为细化的需求，并为此制订相应的营销策略。

（2）创造购房需求，引导主流消费观

概念营销的一大特点就是通过某种特定概念，展现产品内涵，将客户的潜在需求引导出来，甚至达到创造需求的境界。比如：销售人员在带客户看某名企开发的二手房区时，发现此小区在配套设施、园林景观上，一些观念甚至是超前的，但周边环境则不尽如人意。如此，销售人员在带客户看房的时候，要强调"小区配套先行"，并把将来的生活、先进的居住理念等提前呈现给购房者，充分调动客户想象力，使他憧憬和期待未来在这里将会过有品质的生活。

对于有投资需求的客户来说，销售人员可对比房子开盘时与如今房子的价值，让客户明白升值空间巨大，未来的升值空间更不可估量。比如，销售人员可以这样说："十年前，这小区刚开盘时每平方米才3000元，如今每平方米3万元，十年涨十倍。三年后，等这边地铁建好，价格就更高了。"

（3）进行差异化、个性化营销

概念营销具有差异化和个性化的特点。主要体现在图3-8所示的几个方面。

这是因为概念营销可复制性不强，具有一定的唯一性，且概念营销是为了满足目标客户群特定需求而产生的。

在20世纪80年代之前，人们对房子要求很低，有地方住就行，面积无所谓；90年代后，发展到希望住得宽敞些；如今，人们的需求更多，在装修风格、户型设计、小区格调、小区人文环

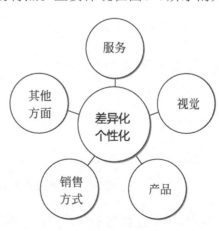

图3-8 概念营销具体体现

境方面都有各式各样的需求。因此,销售人员在进行概念营销的时候,也要考虑到不同客户群的个性化、差异化的内在需求。

3.6 卖口碑:二手房"口碑"就是最大卖点

卖小面的小伙儿在伦敦开了面馆,老外排队苦等一个小时;买烧饼的大叔每天只做五百个烧饼,每一炉烧饼刚出炉就被抢光;一位大爷九十岁了还在做大米饭,每天座无虚席。这些人开店为什么如此火?三个字:"口碑好"。我们销售人员卖房子也是如此,再好的广告,再大的推广宣传,都不如众人的口碑来得实惠。当然,如果房子再有个好口碑,那无疑是"锦上添花"。

3.6.1 口碑营销的特质

"口碑营销"可以说是成功率很高且可信度极强的一种营销方式。它是指企业或商家通过一定的努力,使消费者与其亲戚、朋友、同事等交流自己的产品信息,进而形成一定的品牌传播效应。口碑营销与传统的广告营销方式相比,区别如图3-9所示。

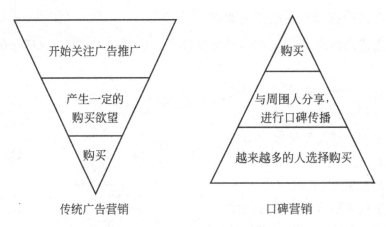

图3-9 口碑营销与传统广告营销的区别

从图3-9中,我们不难看出,口碑营销与传统的广告推广式营销相比,具有传播成本极低、传播受众多、传播力度强大等特点。口碑传播可分为以下三个步骤。

（1）步骤一：鼓动

产品消费的主流人群，是最先体验到产品优越性、可靠性的受众，会在第一时间向周围朋友传播产品的益处，或者把产品的企业或商家告诉身边人，引发别人关注此商家。

从售房角度来说，买房人如果在买房的过程中或买房之后，有较好的体验，那么他也会把这种购房体会传达给周围人。他周围的人群也会关注此房产经纪公司或者他所买小区的房源。

（2）步骤二：价值

购物者在接触产品后，他首先会问自己："这种产品是否值得我广而告之？"因此，商品的价值才是商品在市场上的通行证。人们想向其他人传播口碑时，传播的产品必须是自己觉得有价值、值得信赖的东西。任何一家希望通过口碑实现营销的公司或企业，必须想方设法提升产品品质，并提高服务价值。

从售房角度来说，如果想让客户传播口碑，那么要在售房过程中为买卖双方提供满意的服务，并且，尽可能为买卖双方寻找能充分满足双方需求的匹配方案。

（3）步骤三：回报

一般来说，消费者在通过广告推广或口碑营销等获取产品信息、产生购买欲望时，他们希望得到相应的回报。此时，公司或企业要为这部分客户提供让他感觉物超所值的产品或服务，进而更顺利、快捷地使产品或服务获得更大的市场。

从房产销售人员的角度来说，可以为这部分奔口碑而来的客户提供更热情、优质的服务，让他们产生把销售人员当成朋友的感觉。这样一来，口碑再由这些二度客户或三度客户进行传播，销售人员的业绩也会开启突飞猛进式增长模式。

3.6.2　房产销售中口碑传播的技巧

全球具有较强影响力的麦肯锡公司管理营销专家热内·黛和她的同事们在研究分析了50个典型销售案例后发现，口碑营销制造爆炸性需求，绝不是意外和巧合，而是有规律可循。企业完全可以通过分析消费者之间的相互作用和相互影响来预见口碑广告的传播，但需要一定的智慧。就二手房市场口碑营销而言，图3-10给大家提供了几种口碑营销的技巧。

图3-10　二手房口碑营销的技巧

（1）二手房广告听起来朗朗上口

研究发现，不同年龄、不同性别的人在交流商品方面有所侧重。对于房产这种商品的讨论，人群年龄多集中在30～55岁，而且男性比女性更容易讨论住房。因此，为了更好地利用口碑营销，可有意针对此类人群，传播一些他们最为关注的房产信息，并且在做二手房广告时，广告词最好听上去朗朗上口。在这方面，我们可以参考其他一些商品的广告词。比如：飘柔洗发水的"发动，心动"；雀巢咖啡的"事事因你而精彩"；李维斯牛仔的"不同的酷，相同的裤"；百度的"百度一下，你就知道"；某房产连锁公司的"上××网，买放心房"等。

（2）提供给客户一定的"动机"

人们有时候不愿意去讨论或向周围人推荐某家房产经纪公司或该公司的房源，往往是因为缺乏一定的动机。我们举例来说，某连锁便利店要进驻某四线城市。如果想打开市场，首先要迅速提升该便利店在当地的知名度。便利店的营销经理采取的策略就是每周星期五做降价促销，全场大部分商品折扣力度极高。这样一来，很多客户在星期五这天买东西非常划算，口碑传播就开始了。

在二手房销售中，我们也可以利用居间费打折的方式，给予客户一定的折扣优惠，同时，给予客户更加周到的购房服务，那么客户就有一定的动机来进行口碑宣传。

（3）为购房者提供超乎期望的购房体验

销售人员在售房过程中，尽可能为客户提供超乎期望的购房体验。比如：你所能给客户提供的帮助比他期望的还要多，你给客户提供的房源比他期望的还要完美。那么客户感动了，自然就会帮你进行口碑传播。

（4）找到"意见领袖"，进行重点口碑传播

如果想让口碑传播达到更好的效果，销售人员就要找到客户中的"意见领袖"，并针对这些人群进行重点口碑营销工作。那么这些人群如何区分？从二手房角度来说，这些人群具备以下特点：

① 工薪购房族比高大上的大老板口碑传播力度大；
② 男性比女性口碑传播力度大；
③ 年龄稍大的比结婚刚需族口碑传播力度大；
④ 外向的话痨比内向话少的客户口碑传播力度大；
⑤ 社会工作类型客户比做研究类工作的客户口碑传播力度大；
⑥ 喜欢分享微信粉丝的比很少用微信的客户口碑传播力度大。

3.7 卖故事：最有感染力的卖点提炼

把房子卖出去之前，先要卖出去一个"好故事"。

"卖故事"可以说是成本最低、价值最高的营销方式。一个李宗盛《致匠心》的故事，使New Balance品牌格调陡升；一个18岁公主克里斯蒂娜邂逅52岁数学家笛卡尔的故事，成就了百岁山的"水中贵族"极简主义；一个褚时健老当益壮的故事，令褚橙红遍全国。

"卖故事"就是故事营销，是把自己、他人的故事，以别人喜闻乐见的形式表达出来，抓住客户的消费心理，激发客户的购买兴趣。

3.7.1 故事营销的四种特质

海尔张瑞敏"砸冰箱"使消费者相信其品质；阿里巴巴的品牌来自

《一千零一夜》中的一个故事；可口可乐曾经兜售产品秘方的故事，给产品营造神秘感。这些故事营销为什么能引起市场轰动，使人对其趋之若鹜？作为二手房销售人员，应当如何进行成功的故事营销？

大家不妨从故事营销的四种特质入手，如图3-11所示。

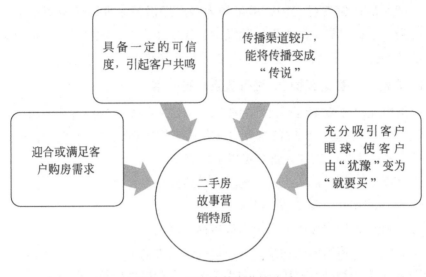

图3-11 二手房故事营销特质

（1）迎合或满足客户购房需求

客户的购房需求通常为：结婚、二孩的到来、搬出大家庭、改善居住环境（换大面积或换新房子）、工作变迁、孩子上学、度假、投资、炒房等。二手房销售人员在充分了解客户购房需求的基础上，运用适合客户购房需求的故事营销，客户的态度就会由戒备转为认同，由抵触转为合作。

（2）具备一定的可信度，引起客户共鸣

二手房销售人员口若悬河地说半天，不如一个简单的、能够引起客户共鸣的故事更有说服力。故事营销可信度高，使得客户印象深刻，能让客户短时间对房子的"内涵"产生共鸣，念念不忘。此时，营销其实已经赢了一半。

（3）传播渠道较广，能将传播变成"传说"

互联网时代，故事营销的最高境界就是"让传播变成传说"。销售员可以充分利用公众号、朋友圈、博客、QQ等互联网工具进行故事营销，传播渠道广，传播范围大，很容易让订单自己找上门。

（4）充分吸引客户眼球，使客户由"犹豫"变为"就要买"

故事营销能吸引客户眼球，凸显产品核心品质。比如"张瑞敏怒砸冰箱"的故事在吸引客户的同时，实际上也将产品的品质呈现了出来。销售员利用故事营销，轻而易举地传播出客户看到的二手房产品的核心品质，使客户的心态由"犹豫不决"变为"就要买下来"。

3.7.2 讲好一个故事的两个要点

销售人员要想做好故事营销，讲出一个高价值的故事来搞定客户，也有一定的讲究。这里就给大家介绍做好故事营销的两个要点。

（1）有吸引人的主题

主题，也称为主旨、中心思想。指作品或故事创作中的内容大意、具体材料，抽象、概括出来的观念性结论。成功的故事营销多具有吸睛的主题，比如，同仁堂的古训"炮制虽繁必不敢省人工，品味虽贵必不敢减物力"；香奈儿品牌背后的创业故事等。房产销售人员在设计故事主题时，要注意图3-12所示的几点。

图3-12 主题设计的注意事项

① 故事要与房子或服务的特性相符。故事与产品必须在主题上联系密切，这样故事才更有真实感。比如一家名为爱情谷·花语小镇的楼盘，在情人节这天，推出"马上赠房，圆梦爱情谷"这样一个活动：鼓励大众讲出爱情微故事，以微博转发评论为标准，入围者有奖励，同时有相应的买房折扣。

② 主题符合购房者的心理需求。故事的主题必须是消费者在意的、感兴趣的、能感动的，才能有效激发购房者的消费欲。比如，销售人员在销售一家高档二手楼盘时，他给购房人讲的故事就是：这楼盘在建造时，精耕细作的匠人精神，有几个著名的设计师参与设计，有几个著名的园林师设计园林等。这样的楼盘价格相对较高，匠人式的建筑精神和建筑品质，自然也与购房者希望财富传承的心理相符合。

③ 主题应当具备新颖性和独特性。销售人员可以从一些关于房产的公众号或网络房产新闻中搜索主题，要知道购房者也不愿意听一些他们都知道的故事，这样的营销故事是没有吸引力的。

（2）用矛盾冲突吸引听故事的人

作家在创作小说的时候，需要制造一定的矛盾冲突，以此来使故事情节一波三折，吸引读者。同样，销售人员在用故事营销这种方式进行销售时，如果想让自己的故事能打动购房者，也要注意给故事构建一定的矛盾冲突，使购房者听的时候，有悬念，引人入胜。

香奈儿的创业故事营销在其官网上以视频形式播放。在这样的品牌叙事中，香奈儿的个性、举足轻重的地位、一生的崛起、名利或成就、遭遇等一系列焦点就制造出此起彼伏的矛盾冲突，她的故事就是她的品牌，顾客从迷恋故事中这位迷人的女性，爱屋及乌，也迷恋上香奈儿所代表的品牌。

第4章

管好"客户银行",不流失每一个客源

如何留住那些高利润、高净值的客户?如何减少客户流失率?如何让客户变成"铁粉"?如何让客户带来更多的客户?这一切取决于你使用怎样的方法来管理你的"客户银行"。本章为你提供管理"客户银行"的方法和技巧,帮你管好每一个客户,不流失每一个客源。

4.1 初次见面30秒，决定客户去留

一般人在参加面试的时候，主考官其实在最初见面的30秒，就已经决定了应聘者的去留。这听上去有点不可思议，应聘者还没有自我介绍，还没有交流，主考官如何判断呢？主考官其实只通过一个人细微的动作，一个简单的微笑，一句简短的问候，或者是走路方式、发型、服饰等，就已经对此人有了第一印象。

对于房产销售人员来说，能否留下客户，进而促成交易，在最初和客户接触的30秒，就已经给客户留下了"先入为主"的第一印象。客户往往一下子就决定了是否要将房源交付给这个销售人员，或者是否要在这个销售人员手中买房子。

4.1.1 房产销售中的"首因效应"

心理学上有一种效应叫作"首因效应"，是指交往双方形成的第一次印象对今后交往关系的影响，也即是"先入为主"带来的效果。虽然这种第一印象并不一定准确，但却是最鲜明、最牢固的，并且在很大程度上决定着以后双方的交往程度。

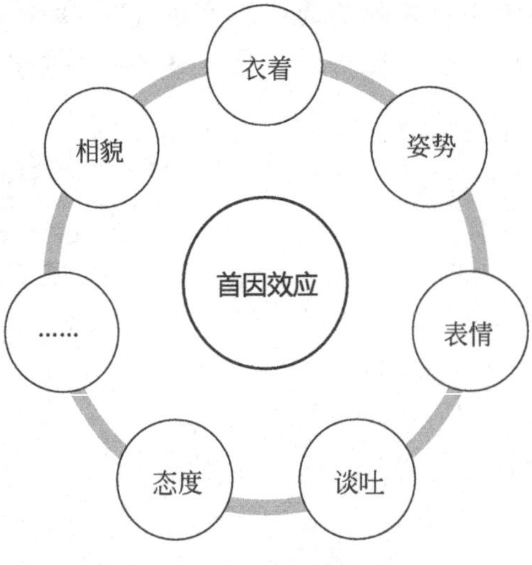

心理学研究发现，与一个人初次会面，30秒内就能形成第一印象。第一印象一旦形成则很难改变，甚至可以保持七年之久。因为一旦形成第一印象后，每个人都会自然倾向于找更多的证据来确定他们已形成的结论，而不会去找证据来反驳它。那么，什么是影响客户第一印象的因素？主要有图4-1所示的几个方面。

图4-1 首因效应要素

对房产销售人员来说，如

果在和客户初次见面时,在最初的30秒,能给客户留下良好的印象,那么客户就愿意和你接近,彼此也能较快地相互了解,推进交易的进行。反之,如果初次见面,客户就否定了你,即使由于各种原因难以避免与你接触,客户也会在心理上和实际行为中产生一种抗拒态度。

4.1.2 如何让客户在30秒内说"Yes"

尽管有时第一印象并不完全准确,但是却在人的情感因素中起着主导作用。因此,在房产销售过程中,销售人员可以利用这种效应,给客户留下美好的第一印象,为下一步的销售工作打下良好的基础,大家不妨从以下三方面做起。

(1)大方得体的仪表姿态

虽然在人们的传统观念里是拒绝"以貌取人"的,但实际上在这个看脸的时代,人们免不了"以貌取人"。销售人员在日常穿着、打扮和仪态方面不妨做到以下几点:

① 穿着方面来说,销售人员最好穿职业装,全店统一着装。职业装的样式既要时尚美感,又要恰当体现个性风采。职业装需搭配协调,干净利落。

② 对于女性销售人员来说,不要化浓妆,最好化淡妆,且能体现职业性。束发或短发胜过散发。女性可以喷淡淡的香水,但不要喷味道浓的香水,这种香水会让客户感觉不适。

③ 作为销售人员,坐、站、行都要端庄大方,彬彬有礼,表现出自信、干练与专业,切忌太随便、与客户勾肩搭背、抓耳挠腮、耸肩、吐舌、舔嘴唇、脚不住地抖动等不雅姿态。销售人员要为自己的社会形象负责。大方得体的姿态很容易赢得客户的好感。

(2)健康积极的心态

我们通常说"境由心造,境随心转",心态会影响一个人的境遇。自信、热诚的心态自然而然会在短时间内给客户以专业、值得信赖的感觉。不得不说,一个心情愉悦、神清气爽的人,是人人都愿意接近的,而一个板着脸、心情沉闷的人,客户在第一次见面时,就已经有一种敬而远之的感觉了。

因此,在工作中,你应该经常面带笑容,时常将自己的心态调整为积极的充满正能量的状态,让这种积极情绪感染到客户,吸引到客户。这样销售房产就更容易成功了。

（3）使人感动难忘的谈吐

如何一开口，就让客户对你的谈吐印象深刻，觉得此人值得信赖？好的开场白可以说是成功的一半。30秒的快速表达，决定了客户和你沟通的最终效果，甚至影响到客户是否要与你合作。因此，在最初的30秒内，你对自己所说的每一句话、每一个字，甚至是语气和腔调都要再三斟酌。表4-1给大家提供几种让客户感动难忘的开场白。

表4-1 开场白类型举例

开场白类型	开场白举例
提问式	以亲切和气、从容平静的预期进行提问。比如："请问，有什么能帮您的？"提问式开场白要求你所提的问题是客户感兴趣的，能给客户深刻印象的
假设式	先假设出能给客户带来的好处和利益，然后询问客户意图。比如："我们如果在一星期之内帮您卖出去房子，您所赚取的利润几乎是原值的3倍。"客户只要相信你的假设是对的，就愿意和你合作
期待式	激起客户好奇心和兴趣，抓住客户注意力。比如："我们公司研发了一套能在5分钟内卖出房子的简单配对方法。"客户因好奇心而更想了解你的销售模式
赞美式	人人喜欢被赞美，适度利用赞美能达到意想不到的效果。比如："张总，您好！您能来，我们这里真是蓬荜生辉。"客户一听心里美滋滋的，就更愿意合作了
感激式	多向人表达感激，就能引起对方的自我肯定心理，对方也会对你心存好感。比如："刘先生，我知道您很忙，谢谢您百忙之中抽出一些时间给我，我简要介绍一下我们公司的房源优势。"

4.2 FROM沟通模式，客户喜欢的谈话方式

很多房产销售人员都有这样的感觉，在和客户交流的过程中，自己一直努力在消除彼此之间的隔阂和陌生感，但自己所谈的话题，客户似乎总是不感兴趣。那么，销售人员该如何找到客户感兴趣的话题？如何在尽可能短的时间里，消除彼此的陌生感，拉近彼此的心理距离？不妨试试FROM沟通模式。

4.2.1 高效的FROM沟通模式

人在本性上来说,都非常关注自己的利益。如果你与客户多谈一些客户自己、他们的家人、他们的工作、他们的消遣以及他们关心的其他事情,那么他们很快就能信任你,并愿意从你手中选购合适的房源。相反,如果你太多地谈论你自己的事情、房子的事,反而不利于与客户之间建立合作关系。

从这个方面来说,销售人员可以试着用FROM沟通模式与客户进行沟通。所谓FROM沟通模式,见图4-2。

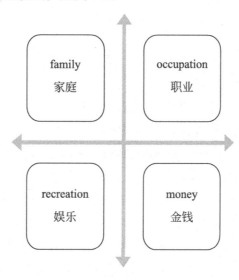

图4-2　FROM沟通模式

4.2.2 FROM沟通模式的含义

(1) F:family(家庭)

即多问客户一些家庭方面的问题:

您结婚了吗?

您孩子多大了?

您儿子(女儿)在哪里上学呢?

上次听说您母亲生病住院了,现在老人家好些了吗?

(2) O:occupation(职业)

即多询问客户的职业或工作的问题:

您是做哪一行的？

您平时工作忙不忙呢？

您这行要求高着呢，您当时是怎么选择这个行业的？

您这么年轻就有这么高的薪水，能分享一下秘诀吗？

(3) R : recreation (娱乐)

即多问顾客一些关于他喜欢的娱乐活动的情况：

您一家周末都有什么活动呢？

听说您高尔夫打得很不错？

十一去哪里旅行呢？

您上周去香港旅行，买了不少东西吧？

(4) M : money (金钱)

即多问客户一些关于理财或金钱方面的问题：

您小孩在那里上学，花费肯定不少吧？

您说您对股票有些研究，能推荐给我一些绩优股吗？

我真羡慕做你们这行的，待遇怎么给这么高呢？

近年互联网金融这么火，您在微信或京东上玩这些吗？

FROM沟通模式的原则就是多问少说，问客户关于家庭、职业、娱乐、金钱这些人人都比较关心的问题，让客户回答，并在回答中多讨论客户自己的事情。销售人员在这个过程中扮演听众的角色。如此一来，客户自然而然会和你聊得很热络，彼此之间的心理距离也拉近了。

销售人员在使用FROM沟通法时，需要注意在交谈过程中，多保持微笑，多进行目光接触，多用"您"或"你"，少用"我"这样的字眼。销售人员不要指出客户的对错，多用一些表达赞赏的肯定性词汇，不要用否定的消极词汇，更不要与客户争辩。

4.3 房地产市场客户的生命周期

一个客户对房产经纪公司来说，有类似生命一样的诞生、成长、成熟、衰老的过程。房产销售人员需要把握客户生命周期处于哪个阶段，并针对不同生命周期阶段特征在销售策略上有所偏重。

客户生命周期也称客户关系生命周期，指从企业与客户建立业务关系到完全终止关系的全过程。它是客户关系水平随时间变化的发展轨迹，动态地描述了客户关系在不同阶段的总体特征。客户生命周期可分为图4-3所示的四个阶段。

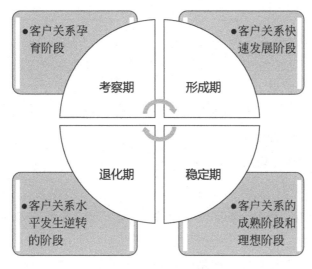

图4-3　客户生命周期

（1）考察期

考察期的基本特征为：双方了解不足，有一定的不确定性。

在此阶段，客户会考察与这家房产经纪公司是否合得来，这家公司的销售是否有诚意，公司一直以来的绩效如何等。而销售人员也在考察客户是否有诚意，可靠度有多少等问题。双方通过对彼此初步的考察，考虑是否要建立合作关系。

考察期的目标：评估潜在客户的价值，降低不确定性。销售人员可通过《客户情况调查表》或《购房客户需求表》来间接评估客户的诚意，并减少不确定性。

（2）形成期

形成期的基本特征：合作关系日趋成熟，双方交易不断增加。

当双方经历过第一阶段的考察期后，如果双方都比较满意，就会彼此信任，进入关系形成期。在此阶段，双方都想从彼此的合作中获利，相互之间依赖性更强，逐渐认识到对方有能力提供令自己满意的价值（或利益）和履行其在关系中担负的职责，因此有长期合作的意愿，并且随着双方合作的深入，双方也愿意进行风险承担。

形成期的目标：建议不断加深与客户的合作关系，尽力提升客户的满意度和忠诚度。

（3）稳定期

稳定期的基本特征：双方关系稳定，进入房产的成交阶段。

客户与销售人员合作关系最为稳定的阶段，也是双方关系发展的最高阶段。双方都为对方提供的价值感到满意，为了维持更加长久的合作关系，双方有意无意地进行一些无形或有形的情感投资。此时也是客户在销售人员的促使下完成成交的阶段。

稳定期的目标：以成交为最终目标。

（4）退化期

退化期的基本特征：客户与房产销售人员双方关系开始逆转或者开始变淡。

此阶段不是必经阶段。但是一部分客户与销售人员的关系会进入这种阶段。使客户与房产销售人员关系进入此阶段的因素很多，比如客户在房产交易过程中经历了一些不满意的事情、客户的需求发生变化、市场形势逆转等因素。双方中的一方甚至考虑结束合作关系或者另觅合作伙伴。

退化期的目标：销售人员面临两种选择，即挽回客户关系或进行客户关系的二次开发。

4.4 客户需要一匹马，给他一辆车

销售人员在维持客户关系的过程中，"互惠心理"是一种常用的维护或改善客户关系的工具。比如，信用卡办理员经常会给潜在客户一些小礼物，这些潜在客户在"互惠心理"的影响下，办理信用卡的概率就会大增。再比如一些手机超市APP经常会有首次下载APP免单或大幅度减单的优惠措施。很多客户一旦得到这种好处，便成了这家网上超市的忠实粉丝。房产销售人

员也经常会用到"互惠心理"来拉近与客户之间的关系,使自己的"客户银行"越来越升值。

4.4.1 互惠心理的副作用

一份旧资料记载:美国伤残军人协会每年都会发出很多募捐信,统计显示,每年大约只有18%的人会主动捐款。但有一年,美国伤残军人协会在寄出募捐信的时候,主动在信封里放了一些小礼物,比如一些祝福卡片,结果,这一年捐款率翻倍。这就是"互惠心理"带来的效应。

互惠心理,即一种行为应该用一种类似的行为来回报。但"类似行为"是一个很宽泛的概念,在这个范围之内到底应该采取什么样的行动也有很大的灵活性,因此,一个小小的人情债也可能会导致人们给予一个大出许多倍的回报。为什么互惠心理魅力如此之大?这是因为人们在接受他人恩惠或帮助时,会产生如图4-4所示的心理过程。

图4-4 互惠心理阶段

互惠心理是维系客户关系的重要手段。销售人员主动向客户示好,表示关心,给予一些友好的馈赠,即便是那些初次见面的客户或是傲慢至极的客户,都会在心理上一下子产生负债感。这种情况下,当销售人员提出一些自己的要求后,客户答应的可能性就相当大。

利用互惠心理与客户交往,客户甚至会答应一些在没有负债心理时一定会拒绝的请求。这个使对方产生负债感的恩惠并不一定是对方主动要求的,而是你强加到对方头上的。而即使这个好处是不请自来的,但对方一旦接受恩惠,便会削弱了自己的选择能力,容易把决定权交到给他恩惠的那个人手中。

4.4.2 互惠心理的使用方法

在销售二手房时,销售人员如何利用互惠心理来拉近与客户的心理距离,使客户更容易被说服?销售人员不妨多站在客户角度来推介,时常来点小恩小惠笼络人心。

客户最为关心的无非是自己的利益。客户在买房子时，特别注重这套房子能给自己带来怎样的价值，当然，在购房过程中，客户也希望得到销售人员对自己的重视和关心。如果销售人员在带客户看房之后，客户有满意的房源，再加上对销售人员的印象很不错，充分感受到足够的重视，那么客户就会很乐意委托销售人员购买房子。让客户感受到自己被重视，莫过于经常给客户一些小恩小惠。

同一套房子，销售人员小张在向客户老赵推介时，滔滔不绝地说房子质量多么好，如果不购买有多可惜。但是老赵却说这样的房子根本不适合自己。而销售人员老刘在向老赵推介时，却是另一种情况。老刘见老赵带着小孩，主动给小孩糖果，逗小孩开心。这个小孩很快就喜欢上这位叔叔。老赵也对老刘颇有好感。

老刘先询问的是老赵需要什么样的款式和档次，并仔细地为老赵分析合适的房源能够给他带来多少潜在的利益。老刘的一番言语完全从老赵的立场讲述，为老赵考虑了很多，表现出对老赵真诚的关心，赢得了老赵的信任。老赵也很愿意委托老刘选择合适的房源。

销售人员在利用互惠心理策略时，要注意这样一些细节问题：在向客户让步时，可以按照先大后小的顺序；欲取先予，先给对方足够的好处，再索取；给小换大，给予对方一些礼物、帮助，多请对方吃饭，换取对方信任。

4.5 用闲聊拉近与客户的心理距离

一个入行一年左右的房产销售人员工作十分卖力。每天四点半起床做当天的工作计划，接下来就是忙忙碌碌的一天。他对客户非常热情，专业性的解说简直可以算得上专家级别。他往往晚上十点了，还在一些房产网站搜找房源和客户。可是即便如此勤奋，业绩却总是平平。他最大的烦恼在于，辛辛苦苦跟踪的客户，总是被别家的房产销售人员撬走。

这个销售人员的问题出在哪里？就是太认真了。他在客户面前虽然是个房产专家，却没有半点亲近感，无法拉近与客户的心理距离，无法让客户本能地将他看作朋友，敞开心扉交谈。

4.5.1 闲聊话术的好处

有时候，适当和客户闲聊一番，反而更能获得客户的好感和信赖，进而也愿意购买你所推销的房产。

想必大家曾经有过这样的体会：去见女朋友家的父母，心里别提有多紧张了，甚至支支吾吾不知道说些什么好。这时候，正好未来的岳母大人在看韩剧，你就开始关心地寒暄："现在需要戴老花镜吗？"接着她就会和你说起她的眼睛以及其他信息。如果她抱怨"去年的衣服，今年穿的话都太紧了"，这时候你要顺势来和她谈关于长胖的话题了。如果岳父大人在厨房做鱼，你也可以凑过去，请教老人家如何做出美味鱼。当你"凑趣"聊天后，会发现你初次去别人家做客时的尴尬和紧张都消失了，取而代之的是亲近感。

这种话术同样适用于房产销售。与初次见面或者是并不是很熟的客户进行谈判，多半心里会有点紧张不安。这时候为了使得谈判能够在一种更融洽的气氛中开始，你可以用闲聊来套近乎。

闲谈是你与客户深入交谈前的热身准备，也是你与对方拉近距离、缔造友谊的好方法。多数情况下，通过闲谈，两个互不相识的陌生人会很快熟悉起来，甚至交上朋友。

4.5.2 闲聊话题的选择

房产销售人员与客户的闲聊也并不是随便侃大山。闲聊的内容必须是客户感兴趣的，客户有话说的，这样才能说到客户心里去，消除客户的心理防线。那么，什么样的话题作为闲聊内容最能引起客户共鸣？如图4-5所示。

事业、家庭、教育、健康可以说是客户普遍关心的话题。销售人员在和客户熟悉一些后，还可以聊一些哲学、宗教、娱乐八卦、历史典故、政治经济等话题。销售人员在和客户聊这些话题之前，最好在客户第一次登记时，就了解客户的行业以及家庭情况。然后在和客户交谈之前，对不懂的行业或关于这些话题的近况新闻，可以上网搜索。那么关于闲聊的话题如何引出？可参考图4-6。

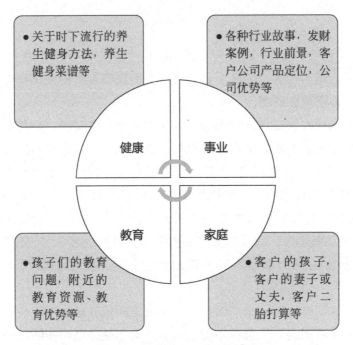

图4-5 客户最关心的四个话题

图4-6 引出话题的四种方法

（1）用"赞美+问句"的话语引出

人人都喜欢听赞美的话，在客户来到门店时，我们不要先提房子的事儿，不妨先来上一番赞美，在赞美的言语后面加入一个问句。比如"赵姐啊，您今天穿这么漂亮、这么喜庆，不会是要参加庆祝活动吧？"这样，就自然而然引出了对方的话题，如果对方回答"不是"，那你就可以趁机追问，引出闲聊话题。

（2）从最近的新闻事件引出

对于最近的一些热门事件，可以拿出来说，进而引出客户的话题。比如谈谈最近的股市。在这个全民都开始对股市感兴趣的时代，这是个大众话题，也容易引出与客户的闲聊。

（3）从星座的话题引出

现代人几乎没有不谈论星座的，尤其是年轻人。在客户登记生日信息时，销售可以趁机从星座的话题入手："你是白羊座的？我也是呢。但我看刘总的性格像狮子座，是吗？"这样关于客户自己的性格、个性偏好等话题就能自然而然引出来了。

（4）以信息交换的方式引出

当销售人员和客户熟悉一些之后，可以用信息交换的方式来进行经常性的闲聊。比如："我最近给孩子报了一个美术班，我们家孩子可爱画画了，每次在画室里都是最后一个离开。你们家报了什么特长班吗？"或者，可以和客户分享自己教育孩子的经验或自家孩子好的学习方法，这样很容易引起客户的共鸣，进而开始闲聊，心理距离也不知不觉间拉近了。

需要注意的是，闲谈的话题最好是很具有温馨感的正面话题，那些负面的新闻话题往往会起到相反的作用。

4.6 用"情感"管理客户，没人挖得走

在工作中，如果管理者能以真挚的情感，经常与员工进行思想沟通和情感联络，那么就很容易形成和谐融洽的工作氛围。情感管理无处不在，同样，销售人员在管理客户时，如果能用"感情"来管理客户，那么就没人能挖走这些老客户。

所谓客户情感管理，是指以走动管理为主的直接亲近客户的一种开放式的有效管理方式，情感管理内涵外延广阔，具有一定的人情味，也最容易打动人心，获得客户的好感。

用"情感"管理客户的核心在于在走访过程中通过实际行动，向客户传递你的关心，以得到客户的理解和支持。这种方法对于维护客户关系来说，

尤其重要。这里有几种情感管理的方法，大家可以借鉴。

（1）全方位提升客户满意度

客户如何在众多的房产经纪公司中进行选择？其中，满意度是第一位的。也就是说，你为客户提供的房源和服务都能满足客户的需求，让客户感到满意。这里有一些技巧可供参考：

① 期望值决定满意度，降低客户期望值。客户期望值和客户的满意度有着图4-7所示的关系。

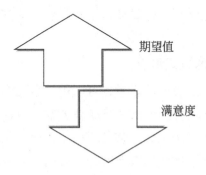

图4-7　期望值与满意度的反比关系

客户的期望值越高，满意度就越低；客户的期望值越低，满意度反而越高。由此可见，降低客户期望值，是提升客户满意度的技巧之一。那么房产销售人员该如何降低客户期望值？我们举例来说：

客户说自己需要一套南北朝向、向阳、户型方正、中式装修风格的二手房。此时，即便你有完全符合客户要求的房源，也不要轻易夸下海口，给客户以承诺。而是应该用模糊含蓄的话语来告诉客户，有类似的房源，可以敲定看房时间之类的话。当客户看到此房完全符合自己的需求后，对销售人员提供的房源和服务都会有较高的满意度。

② 为客户提供超值服务，提升客户满足感。房产销售人员为客户提供的超值服务包括在中介费上有所优惠，或者为客户觅得满意的卖家、买家等。这种简单的方法能给客户带来实实在在的好处，客户很容易获得满足感。当然，这里需要提醒大家的是，为客户提供的超值服务应该是"少而精"的概念，且这种超值不应超出销售范围内的利益太多，否则一方面给中介公司增加负担；另一方面，使客户不知不觉提升期望值，反而觉得销售人员给予更多折扣是理所当然的。

（2）培养客户的"忠诚度"

客户忠诚度是一个量化的概念，是指由于质量、价格、服务等诸多因素的影响，使顾客对某一企业的产品或服务产生感情，形成偏爱并长期重复购买该企业产品或服务的程度。客户忠诚度不同于客户满意度，客户忠诚度是一种行为，而客户满意度是一种态度。一般来说，可以用图4-8所示的三个指标来衡量客户忠诚度。

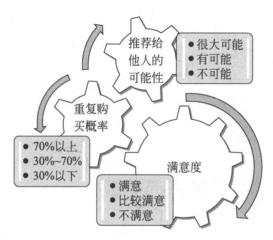

图4-8　衡量客户忠诚度的指标

销售人员不妨这样来培养客户的忠诚度：了解客户的情况，并时常向客户咨询；尽可能通过客户的言谈举止等，了解客户的具体情况。

多听听客户的反馈意见，从而发现客户真正需要的房源或者目前房源不受客户喜欢的原因。多为客户提供一些个性化服务，想客户之所想，急客户之所急，完全从客户的角度来帮他找到最合适的卖家或买家。

（3）采取正确的方法来处理客户的抱怨

客户抱怨并不代表他们对销售人员或销售人员所推荐的房源不满意，相反，正是因为客户有中意的房源才会引发抱怨和异议。反过来说，一些客户的抱怨其实也代表了大部分客户的心声，因此，销售人员要重视并及时处理客户的这种抱怨。销售人员在处理客户的抱怨时，要遵循图4-9所示的三条原则。

当客户的抱怨被重视，并得到圆满解决后，客户就会与你建立一种长期稳定的合作关系，客户的满意度、忠诚度就会有极大程度的提升。客户在二次置业、多次置业的时候还是会选择与你合作，客户甚至会给你介绍更多的客户，从而带来多维人脉。

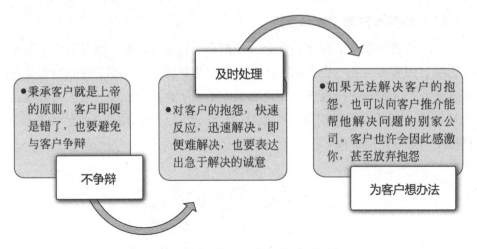

图4-9 处理客户抱怨的三条原则

4.7 挽救客户关系的招数

相关专家在研究客户关系时，发现这样一种现象：一个最好的客户往往是受过最大挫折的客户。得到满意解决的投诉客户，与从没有不满意的客户相比，往往更容易成为一家企业或公司最忠诚的客户。在房产销售中，我们也时常会遇到一些客户投诉或流失。在这些情况下，如何将投诉的客户、流失的客户、不满意的客户等转化为最忠诚客户，是销售人员维护客户关系的重中之重，这其中是讲究一些技巧的，在此给大家一一道来。

4.7.1 客户流失问题分析

房产销售人员难免会遇到客户毁约、客户投诉等问题。对于这些问题如果处理不当，很容易造成客户流失，而如果恰当处理这些问题，则不仅能有效挽救当下的客户关系，且与客户之间能建立更加长久的合作关系。

专家经过研究发现：一般而言，在重大问题投诉者中，有4%的人在问题解决后会选择继续合作，而小问题投诉者重新合作的概率则可达到53%，如果销售人员能迅速解决投诉问题，那么客户重新合作的概率在52%～95%之间。

想挽回流失的客户，首先需要了解造成客户流失的原因，以便提前做好准备工作，避免这种情况的发生。当然，如果无法避免，则通过分析流失原因，也会挽回一部分客户。从二手房买卖角度来说，造成客户流失的原因不外乎图4-10所示的几种。

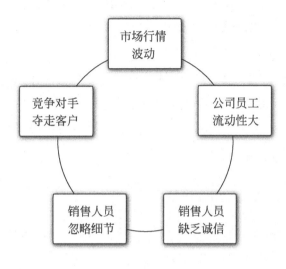

图4-10　客户流失的几大原因

（1）市场行情波动

二手房市场行情的波动是影响客户流动性的重要因素。在市场行情好的情况下，一些客户对房产趋之若鹜；而在市场行情下行时期，很多潜在客户都会选择观望或者将钱投在别的方面。在行情不好的时候，表面上客户流失率相当大，其实这是销售人员布局长期客户的好时机。

（2）公司员工流动性大

在一些房产经纪公司，销售人员流动性大，尤其是中层管理人员的流动，会带动客户的大量流失。如果一家房产经纪公司无法控制销售人员的流动率，那么就会丧失更多潜在客户。

（3）销售人员缺乏诚信

销售人员如果习惯性对客户做出一些承诺，比如中介费打折扣、给客户优惠等，但却难以兑现，这就是缺乏诚信的表现。客户当然不想从不讲究诚信的销售人员手中买房子或卖房子。

（4）销售人员忽略细节

客户如何评价销售人员？除了销售人员是否能为他提供合适的卖家或买家之外，也会从销售人员的言谈举止等细节方面来评价，这些细节甚至有时候决定了他们选择合作者的标准。比如有的销售人员说话总是不着边际，且看上去比较邋遢，那么客户并不愿意选择这样的销售人员，更愿意选择一个说话干脆利落、穿着端庄整洁的销售人员来合作。

（5）竞争对手夺走客户

在二手房领域，同一区域的中介公司不仅可能有重复的房源，客户的重叠性也是很大的。房产经纪公司自然都会争夺一些优质客户。如果你的竞争对手在房源或服务方面更能满足客户的需求，那么客户在很大程度上就会转向竞争对手那一边。

4.7.2 挽救客户关系的方法

对于公司本身或销售人员本人来说，挽回客户关系、恢复客户业务、使客户回心转意，能最大限度减少客户流失给公司带来的损失或不良影响。销售人员在对客户流失原因进行分析后，需要对症下药，使用合适的方法来挽回客户关系。这里给大家推荐几种挽回客户关系的方法。

（1）对于大量流失客户的挽回

当客户出现大量流失现象时，如果是政策形势影响所致，那么可以在之后的很长一段时间甚至是两三年内，一直保持和客户的联络，逢节假日多送去祝福或者送去一些小礼物等，如果有共同的兴趣爱好，还能发展成好友。这样当这些客户在以后想买房的时候，第一个想起的就是你。

除了这些不可控因素的影响，如果某段时间出现大量的客户流失现象，那么最主要的原因是公司或销售人员提供的服务不符合客户的需求，没有达到客户的预期，从而使客户产生不满。比如，房产经纪公司在为卖家登记房源时，信息不详，导致房源在很长时间无人问津；比如客户在买房时，销售人员无法为客户提供满意周到的服务，客户在对比之后，宁愿选择别家房产经纪公司进行合作。还有的情况是，客户被竞争对手公司所吸引，从而大量转移。

房产经纪公司或销售人员可以从图4-11所示方面来入手采取相应措施。

```
┌─────────────────┐  ●销售人员可以将为客户提供的各项服务环节具体化、
│ 全面提升服务质量 ├─  细节化、高品质化、超出客户预期化
└─────────────────┘

┌─────────────────┐  ●对客户的抱怨不仅进行快速反应，而且要提出解决方
│ 及时处理客户抱怨 ├─  案并尽快实施
└─────────────────┘

┌───────────────────┐ ●反思自身的劣势，分析同行业优秀者的销售策略。采
│ 不断优化创新来吸引客户├─ 取更为优化的策略或推出创新营销点，再次吸引客户
└───────────────────┘  回来
```

图4-11　针对大量客户流失采取的措施

（2）对于少量或个别流失客户的挽回

对于少量或个别流失的客户，销售人员可以在了解其流失原因后，进行及时补救。具体来说，可以按图4-12这样做。

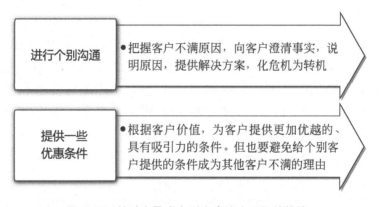

图4-12　针对少量或个别客户流失采取的措施

销售人员在采取了一系列恢复客户关系的措施后，需要每隔一段时间，对挽回客户关系情况进行成功率调查和评价，从而检验挽回客户关系的效果。

第5章

洞察客户需求，房源统统售罄

销售过程中，大家可能会经常听到这样一些声音："不需要""再等一段时间""回去商量商量""钱不够"……果真如此吗？有时候，客户的委婉拒绝并不是真的没有卖房或买房的需求，恰恰是销售人员不了解客户的真实需求，在进行销售的时候，没有说到点子上。其实，销售人员一旦洞察了客户的真实需求，就能根据客户的需求来制订自己的售房计划，如此房源也会售罄。

5.1 客户心理需求的几大维度

二手房销售人员只有了解客户心理，洞察客户的真实需求，才能在与客户的心理较量中占据上风，成功促成交易。目前市场上二手房购房者具有一些共性心理特点，但具体到不同年龄段或不同消费层次，也有一些区别。

5.1.1 二手房客户购房需求特征

根据不同年龄段或不同收入层次的客户群体购房需求，我们大致可以将二手房市场客户购房需求分为图5-1所示几类。

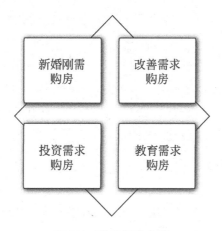

图5-1 购房需求分类

（1）新婚刚需购房特征

① 户型面积在50～80平方米的小户型居多。

② 新婚家庭上班族居多，较少开私家车，一般要求附近公共交通方便。

③ 要求卧室朝南，卧室面积稍大的群体居多。

④ 在购房时因工作年限短，个人积蓄不多，多会得到父母赞助。

⑤ 考虑到将来有了小孩或双方父母一同暂住的需要，愿意选择两居室。

⑥ 多倾向于选择位于老城区的地段或最近两三年的新房子。

⑦ 一次性付款的占少数，多数为贷款买房。首付比例可能稍高。

⑧ 新婚刚需家庭考虑到未来换大户型，所以比较在意房子的升值性和保值性。

⑨ 对周边综合配套，诸如对医院、学校、商铺等要求比较高，也很在意小区的品质。

销售人员在接待25～30岁新婚刚需客户时，可多推荐交通便利地段，周围商业配套、学校配套等配套设施齐全的小户型。

（2）改善需求购房特征

① 户型面积多为90平方米以上，一般供两代或者三代家庭成员居住。

② 户型多为三室一厅或三室两厅，很多要求有两个卫生间。

③ 小区多为大型社区，以最近五年落成的小区为主要选择。

④ 对地段上要求比较少，很多客户并没有选择主城区小区，反而倾向于选择城市新开发区域。

⑤ 比较重视小区环境的绿化率，对周围学校、医院、商圈等配套要求比较高。

销售人员可以通过在知名小区驻守、发布房产网络广告、在一手房售楼处蹲点等方式开发此类客源。另外，在来客登记中，在35～45岁这个年龄段的客户中，此类需求特征较为明显。对于这个年龄段的客户，可多推荐一些开发区周围的大户型，成交率较高。

（3）教育需求购房特征

① 地段要求位于重点小学或中学附近。

② 总价不要太高，户型面积以40～60平方米小户型为主。

③ 到学校步行距离控制在15分钟左右为佳。

④ 必须有购房入户学区的指标。

⑤ 对房屋的楼层或朝向要求不是很高。

房产销售人员可以通过在学区附近发送传单、驻守的方式，或者可以通过学校招生办、房产网络等平台来寻找此类客源。在向此类客户推荐房源时，少强调房屋本身的优点，多强调周边学校或与教育有关资源的优势。

（4）投资需求购房特征

① 注重地段优势，喜欢投资城市中心区域或城市景观区域，希望有大的升值潜力。

② 房源附近是行政或商业中心，或者有行政或商业类规划。

③ 一般偏爱投资成熟社区和知名开发商开发的品牌楼盘。

④ 偏爱稀缺性房源或者不可再生性房源。

⑤ 偏爱转手快和容易出租的房源。

⑥ 偏爱老城区或学区房源。

房产销售人员可以在一些成熟小区、商圈、老城区、行政区域等开发此类客源。房产销售人员要注意向投资客推荐此类具有较快投资回报率或投资回报潜力大的房源。

5.1.2 客户购房需求表

房产销售人员除了通过年龄或与客户聊天等方式了解客户需求外，还有一个简单的方法，就是在第一次客户登门拜访时，请客户填写一份表格，即《客户购房需求表》，如表5-1所列。

表5-1 客户购房需求表

来源： 需求编号： 月份：

姓名	姓名_____ 性别：□男 □女 现住址：_____
联系方式	1._____ 2._____
看房时间	□假日 □平时
户口所在地	□本市 □本省 □外省
年龄	□20～30岁 □30～40岁 □40～50岁 □50岁以上
家庭结构	□单身贵族 □二人世界 □三口之家 □三代同堂 □其他
家庭月收入	□5000～8000元 □8000～12000元 □12000～20000元 □20000元以上
购房原因	□刚需 □换房 □投资 □其他
所需房型	□小高层 □高层 □多层 □商铺 □其他
所需面积	□70平方米以下 □70～90平方米 □90～110平方米 □110～135平方米 □135平方米以上
所需户型	□一室 □二室 □三室 □跃层或复式
户型朝向	□南北通透 □朝南 □朝向不限
何时入住	□急需 □一个月 □两个月 □三个月 □半年
付款方式	□全款 □按揭 □公积金
首付预算	

曾看过的房型	
装修要求	
买房在意方面	
推荐房源	

房产销售人员可以从《客户购房需求表》中准确把握客户的购房需求，进而根据客户的需求为客户提供适合的房源，极大地促进成交的概率。

5.2 影响客户决策的七个心理阶段

客户从产生购物的想法到最后购买到满意的商品，看似简单，其实在这个过程中，经历了7个心理阶段。客户购买一般商品尚且如此，买房子这种"大型商品"就更是慎重了，这7个心理阶段的表现就尤其突出。我们只要把握并利用好客户的这7个心理阶段发展状态，就能赢得客户信赖，为客户提供能满足他需求的合适房源。

5.2.1 解读客户决策的心理阶段

一般来说，客户在进行消费时，会经历7个心理阶段，如图5-2所示。

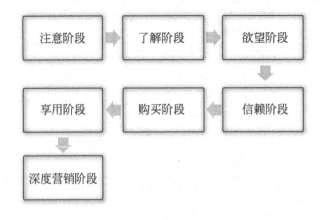

图5-2 客户决策心理阶段

（1）第一阶段：注意阶段

客户在购买一件商品之前，首先是这件商品在视觉或心理方面已经吸引了他的注意力。比如风行一时的CoCo柠檬果汁，在包装上非常独特，淡淡的黄色，简约不花哨，消费者很容易由此联想到柠檬天然的色泽，还没有喝，就已经感受到浓浓的柠檬味。

（2）第二阶段：了解阶段

客户经过第一阶段的"一见钟情"后，需要对商品进行进一步认知和了解，就像一对恋人刚开始谈恋爱，初次见面之后进入了一个相互了解的过程。此时，产品如果具有独一无二的功能或优于其他商品，客户就会越发信赖这款产品。

（3）第三阶段：欲望阶段

此阶段，客户对产品的硬指标，如价格优势、功能特点、质量良好等产生极大的好感，并希望自己能拥有此产品。

（4）第四阶段：信赖阶段

如果客户急需此产品，就会在信赖产品的同时进行购买。如果客户并不着急，那么这个阶段，对客户所关注信赖的产品能持续给予一些正面的信息和感受，客户在真正需要购买的时候，就会第一时间想到信赖的产品。

（5）第五阶段：购买阶段

客户在购买阶段，已经信赖了此产品。此时，销售要给予客户更坚定的购买信心，使客户明白这款产品能充分满足他的需求。销售要让客户觉得自己的购买决定是相当明智的。

（6）第六阶段：享用阶段

在客户享用阶段，如果厂家或销售人员定期回访，客户就会从心理上对产品产生好感，从而更加信赖产品，信赖销售人员或提供产品服务的人。

（7）第七阶段：深度营销阶段

在这个阶段，客户可能形成二次购买，或者将自己信赖的产品口碑传播给周围的朋友。

5.2.2 针对客户购房心理的销售对策

客户在买房时,也要经历类似的心理阶段。销售人员如果能把握客户的心理阶段,并在每一心理阶段采取不同的销售对策,那么就会事半功倍。

首先,在客户买房子时,我们要明白图5-3所示的几个问题。

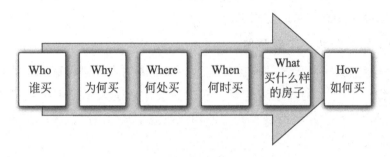

图5-3　客户购房5W1H问题

其次,我们还应清楚,我们所沟通的客户在整个购房过程中担任了怎样的角色。一般来说,客户可以分为以下五种角色:

① 发起者:提出购买房产的人。
② 影响者:对最后购买决策具有某种影响力的人。
③ 决策者:对全部或部分购买房产具有完全决定权的人。
④ 购买者:实际购买房产的人。
⑤ 使用者:消费或使用该房产的人。

销售了解客户归属于哪种角色后,就会设计出有吸引力的房产卖点与诉求重点,有所侧重地进行沟通。

最后,我们需要在客户产生购买需求的不同心理阶段,采取相应的销售策略,如表5-2所列。

表5-2　针对客户心理阶段的营销策略

阶段	策略
注意阶段	可以在销售的时候,强调房产视觉性效果,诸如户型、装修等,然后辅以故事性包装,诸如原业主发家史等,使客户在心理上对房产产生好感
了解阶段	抓住房产的卖点,多说一些客户入住后的场景,让客户有身临其境的感受,保持对房产的兴趣

续表

阶段	策略
欲望阶段	赋予更多的情感因素在里面，进一步强化客户的购买欲。销售人员除了介绍楼盘的质量、物业优秀之外，更要侧重宣传"卖生活"的概念，什么"峰层人士聚集地""江畔艺术之都"等宣传点，其实都是给客户一种对未来美好生活的憧憬
信赖阶段	在介绍房屋具体情况时，销售人员不可强迫灌输给客户一定的概念，而是应该顺从客户的喜好与想法来介绍。时不时地刺激客户，使他在大脑中形成先入为主的产品形象
购买阶段	品质存在于细节中，在客户购买房产阶段，要熟悉房子过户流程、房产名字、资金安全性等细节的处理。娴熟的说服技巧让客户从心里相信销售人员的专业性，更加信赖销售人员所推荐的房源
享用阶段	可以在客户购房后，进行一定的电话回访，把客户当朋友，和客户多聊聊入住后的感受，给客户提出一些好的建议，帮客户解决一些生活中的小问题等
深度营销阶段	购买后的满足感使客户产生二次需求，或者客户也可能会因为这种需求满足感，向更多的朋友进行推荐

5.3 用NEADS公式辨别真假需求

世界一流推销训练大师汤姆·霍普金斯，以丰富的经验、独到的见解以及超乎想象的推销觉悟，经过多年试验，摸索创造出了一个能迅速把握辨别客户需求的公式——"NEADS"。它使寻求顾客需求的工作变得简单而有效。

在房地产销售中，我们如果经常使用这个公式来对客户进行不断发问，挖掘客户需求，那么销售工作就会事半功倍。

5.3.1 NEADS公式示意

NEADS公式示意如图5-4所示。

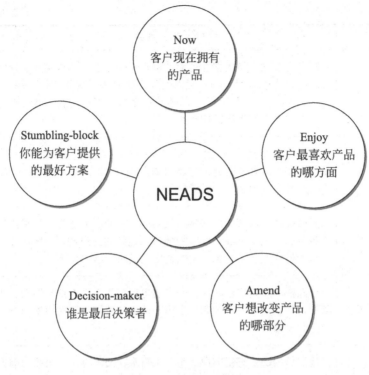

图5-4 NEADS公式示意

（1）Now：客户现在拥有的产品

销售人员需要了解客户现在所住房子的类型、地段等因素，这样才知道客户个人价值观，才知道客户真正喜欢什么。比如，客户现在所住的是一个远离市区的房子，在一楼，家里有老人居住很方便，而且老人还喜欢在家里种花种菜。但因为工作关系，需要从市里寻找一所合适的二手房。此时，你就知道他肯定喜欢低层住宅或者有电梯的住宅。此时，你在向客户推荐房屋时，可首要推荐二手房小区中一层带花园，其次是二层、三层等板楼或者是带电梯的房子。因家中有老人有小孩，房屋面积也相应地要大。

（2）Enjoy：客户最喜欢产品的哪方面

人们在购买商品的时候，都有一种这样的心理，只买自己喜欢的东西，而不会购买并不喜欢的东西。并且，即便是自己喜欢的东西，也都是有所偏爱的。买房子也是这个道理，你可以询问客户所喜欢的房子的一些细节部分，比如户型、装修风格等。充分了解客户需求之后，向客户推荐房源时就能有的放矢了。

（3）Amend：客户想改变产品的哪部分

客户既有怀旧类型的，一直喜欢一种类型的商品；当然也有追求新潮的，他们喜欢新鲜商品，对旧商品感到厌倦。客户买房同样如此。因此，房产销售人员在和客户交谈时，不妨多问问客户以前住的房子中有哪些不足之处。比如，有的客户可能一直住老房子的一楼，但是频繁的下水道堵漏问题和雨天反味的情况，实在让人难以忍受。客户这次选房子口味可能变了，更倾向于中间层或高层。

（4）Decision-maker：谁是最后决策者

你与客户沟通的过程中，必须要搞明白"谁才是最后决策者"。假如你不这么做，很可能发现，你为客户所做的产品服务都成了无用功，因为客户不是决策者。

销售人员在卖房时，同样如此。在与客户初次沟通时，就应该问清楚这个问题。"你们家是您做主买房子还是您爱人做主？"用半开玩笑的方式打探清楚，毕竟决策者才是这宗交易的核心人物。

（5）Stumbling-block：你能为客户提供的最好方案

你要向客户传达一种这样的信息：你是一名很优秀的房产销售人员，你能够为客户提供优质合适的房源，你有能力研究分析客户的需求，能为客户很好地解决问题。

5.3.2 使用NEADS公式的话术案例

销售：林总，您现在在哪儿住呢？（了解客户目前居住情况。）

客户：我在南郊枣园住。

销售：哦，听说那边有很多商圈，而且饭店都很有老城味道呢，我有个同事以前在那儿住。（与顾客套近乎，试图了解客户对目前居住地方的满意之处。）

客户：确实不错呢。那边生活很是惬意，周围商圈很多，交通也相当方便，就是面积有点小了，再加上工作调换到这边，每天回去那边太远了。（客户道出对以前居住地方的满意点和不满意点。）

销售：嗯，的确是很宜居的地方，不过咱们这里也很棒。周围也有好几个大商圈，而且，我们有大户型，120平方米的好几套在出售，而且距离您现在上班的地方，就十几分钟车程。您考虑吗？（对客户表示认同，并继续探问。）

客户：我在网上看过一些房源，这里有120平方米、120万元左右的吗？（客户道出真实需求以及期望值。）

销售：有，我们这儿120平方米的房源有这个价位的，而且好几套。顺便问一下，这次您买房，房产证写谁的名字？（从房产证名字可以试探出谁是决策人。）

客户：写我的就可以，我们家一般我做主。但价格不能太高，120万元是我的上限了。

销售：嗯，您放心。我们这里目前有符合您要求的房源，无论是面积还是户型，相信都是比较符合您的需求的。我们这里一些大面积的房源，甚至是独家委托呢。您什么时候有时间看房，我们也需要和业主沟通一下，咱们好约时间。（向客户传达你值得信赖，你能为客户提供优质服务等信息。）

5.4 挖掘客户的购房动机与预算

从购房动机上来说，客户买房子或出于过渡居住，或是改善居住，或是投资置业等。从购房预算上说，客户多选择在支付能力范围内的房子。客户购房的动机和购房预算不同，销售人员在和客户沟通房源时把握的重点也不同。

5.4.1 客户的购房目的

一个人在做某件事情或达到某个目标之前，都是由一定的动机驱动使然，客户在购房时同样如此。客户的购房动机如图5-5所示。

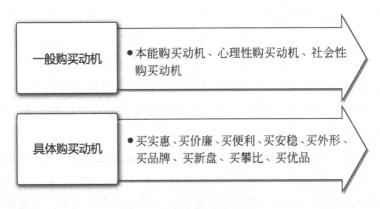

图5-5　客户购房动机分析

那么，销售人员如何挖掘客户真实的购房动机，进而使得销售工作事半功倍？不妨从不同的客户类型入手，对不同客户采取不同的应对策略，以此获得客户信赖，知晓客户的购房动机，如表5-3所列。

表5-3 应对不同类型客户的策略

客户类型	客户特点	应对策略
沉着稳重	了解市场行情，有购房知识，深思熟虑，考虑周到	对房屋的特征、质量、开发商、业主情况等做详细说明，言辞有理有据，并提供一定的客观资料来证明
冲动	心直口快，心浮气躁，容易一冲动就做决定	语气明快，避免唠叨，平心静气判断其心理反应，注意交流的气氛
犹豫不决	心思难以捉摸，迟迟拿不定主意	这种客户一般对在售房已经有所了解，并对某个房型有兴趣，但内心比较纠结。销售人员可以房地产专家姿态站在客户角度，帮他做出选择
多疑谨慎	看上去严肃冷漠，对二手房各种资料反复阅读，说话谨慎小心，疑问较多	在介绍房屋特点时，多注重一些细节。态度要诚恳亲切，营造一种拉家常的氛围，使其放下戒备心
挑剔	心思细密，主观性强，总能发现大大小小的问题	可适当恭维对方，多强调房屋的优点，不要与对方争论。谈话多提问，少下结论
果断	声音洪亮，动作积极，表情丰富，自信且坚决	多倾听少发言，当掌握了客户的兴趣点后，进行有针对性地重点推介
从众	喜欢随大流，大家买也跟着买，大家买什么样的，也买什么样的。非常留意现场成交情况	营造出一种很忙碌、客户很多、错过这房源再难找的氛围，多暗示客户价值升值以及机不可失、时不再来的意思

5.4.2 客户的购房预算

在接待客户时，销售人员经常会遇到这样的问题，一提起预算，有的客户直说"不急，我先看看再说"；有的客户会搪塞应付说"一切都在预算范围内"；还有的客户会提出这样的问题："我先看看房子再说，现在说预算貌似没什么用。"那么，销售该如何撬出客户的真实预算，并在接下来的带客户看房时有更强的针对性？

（1）销售人员可以站在客户的角度来解释预算

销售人员可以这样说："张总，我之所以问您这个问题，是因为我们这里房源很多啊。如果一一介绍给您,那恐怕要浪费您一天的时间呢。而如果了解了您的购房预算,就能推荐给您最优质、最符合您需求的房源,大大为您节约了时间。所以,希望您不要有太多顾虑。"

如果客户还是非常抵触预算,那么销售人员也可以拿以往客户的案例和别家客户的案例进行举例:"我做这行五六年了,接触了不少客户。我在与他们沟通时,发现有些客户只盯着总价计算首付,这种计算方式其实是错误的。另外,客户预算时,很容易忽略了二手房交易中的各种税费、月供、政策变动等。一旦考虑不足,预算超标,结果就很被动。甚至很多客户签合同后因无法筹足资金发愁。"

(2)给客户列出一个预算表,使客户预算更清晰

如果想验证客户的预算是否正确或者让客户对预算更加清晰化,销售人员需要给客户列出预算方式。此时,最简单的就是用《交易预算表》这个表格管理工作,如表5-4所示。

表5-4 交易预算表

房屋地址					
成交价		面积		土地证面积	
贷款额		贷款年限		房屋性质	
过户费用					
契税		个人所得税		营业税	
土地出让金		交易服务费		其他	
合计					
贷款费用					
评估费		贷款服务费		他项权证	
合计					
中介费用					
服务费		代办过户		代办贷款	
合计					
备注:以上预算数据仅供参考,最终数据以实际过户情况为准					

这个表格工具，不但能使客户清楚看出预算的具体事宜，而且能避免销售直接罗列项目预算时出现疏忽的情况。如此一来，客户可以大致算清各项税费，正确估量可支配收入，选择合适的房价和户型。而销售人员也可以大大提升工作效率，并为接下来的看房工作做好充足准备。

5.5 巧妙刺激客户的隐性需求

客户需求分两种：显性需求和隐性需求。显性需求是指客户意识到，并有能力购买且准备购买某种产品的有效需求。比如，客户可能直接会说："我要结婚了，想买婚房""我想换个大些的房子"等。隐性需求是指客户没有直接提出、不能清楚描述的需求。

通常而言，客户的显性需求比较容易识别，隐性需求则比较难于辨认，但是隐性需求在客户做出决策时却能起到决定性作用。显性需求容易挖掘，销售可以通过简单攀谈、询问、登记需求表等形式来得知显性需求，从而更好地促进交易。而隐性需求的挖掘则需要一定的技巧。

5.5.1 客户隐性需求的特点

在销售过程中，大家可能会遇到这样的问题：客户说"只要房子质量好，价格好商量"。如果销售人员真的理解成"我提供的这几套二手房都是名企楼盘，价格高点，客户也能接受"，那么这笔交易很可能就没希望了。其实，客户的话中也隐藏了他的隐性需求，即希望物美价廉。销售人员要想挖掘出客户真实的隐性需求，必须先了解客户隐性需求的特点，如图5-6所示。

（1）不明显性

隐性需求来源于显性需求，隐藏在显性需求的背后，并不容易看出来，必须经过仔细分析和挖掘才能将其显现出来。

（2）延续性

大多时候，隐性需求是显性需求的延续，客户的显性需求得到满足后，其隐性需求就会提出。两者表现形式和具体内容不同，但在目的上是基本相同的。

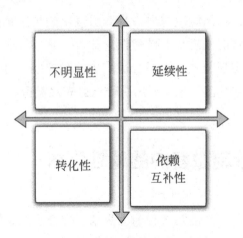

图5-6 客户隐性需求的特点

（3）依赖互补性

隐性需求对显性需求具有一定的依赖性，离开了显性需求，隐性需求也就自然而然地消失了。同时，隐性需求和显性需求之间又是互为补充的。显性需求中的不足可以用隐性需求来弥补，从而更好地实现需求目标。

（4）转化性

客户的隐性需求是以显性需求为基础的，销售人员可以通过与客户进行交流，启发客户将隐性需求转化为显性需求。

5.5.2 挖掘客户隐性需求的方法

在介绍挖掘客户隐性需求方法之前，我们先来说一个流传甚广的故事：一位老太太要买李子，她经过三个卖水果的小贩，这三个人摊位上都有李子，且李子的成色差不多。老太太如何选择？

A商贩与老太太的对话

老太太："李子甜不？"

A商贩："非常甜，不信你试一个。"

老太太摇摇头走了。

B商贩与老太太的对话

老太太："李子甜不？"

B商贩："你想要酸的李子还是甜的？"

老太太买了酸李子。

C商贩与老太太的对话

老太太:"李子甜不?"

C商贩:"甜的有,酸的有,苦的也有。因为每人口味不一样,不一定所有人都喜欢甜的。"

老太太:"儿媳妇怀孕了,喜欢吃酸的东西。"

C商贩一下子摸清了问题的症结所在,即是顾客的隐性需求。于是建议老太太还可以买些新鲜的猕猴桃,营养成分齐全,最适合孕妇吃了。老太太很开心地买了李子和猕猴桃回去。从此,老太太经常光顾C商贩的水果摊。

我们从这三个商贩与老太太的对话中,不难看出,C商贩成功地挖掘出了老太太的隐性需求,从此多了一个回头客。我们售房也是这个道理,只要用一定的技巧挖掘出客户的隐性需求,那么成交也就成了理所当然的事情。这里给大家介绍挖掘客户隐性需求的方法,如图5-7所示。

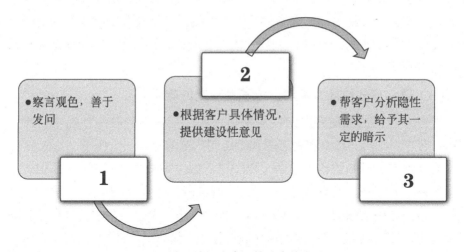

图5-7 挖掘客户隐性需求的方法

(1)察言观色,善于发问

销售人员不仅要从客户的语言上推测其心思,更要注意其言外之意。首先,在不确定客户真实需求的情况下,大可采用发问的方式来了解客户的一些基本信息。其次,在了解客户基本信息之后,可以通过闲聊的方式,得知客户外在表现中隐藏的潜在需求。最后,要将客户的隐性需求与自己产品的特征相结合,让客户明白,自己的产品在某些方面存在一定的优势,能够满足客户的隐性需求。

（2）根据客户具体情况，提供建设性意见

销售人员挖掘到客户隐性需求后，尽可能多地针对客户具体情况，提供给他一些有意义有价值的建议。大家可参考下面这段对话：

客户：您这边有那种带阁楼的顶层房子吗？

销售人员：请问您为什么要买这种类型的房子？

客户：主要是比较喜欢这种结构的房子。

销售人员：那么，您希望住进这样的房子后会有什么样的生活呢？

客户：最好带个露台，这样和朋友们聚会更方便，也可以在露台上种蔬菜、种花。

销售人员：好的，我们刚好有这样的房源，能满足您的这些需求。

与此同时，销售人员注意到客户一步步说出的隐性需求中，其实也包含了客户对生活品质的要求。客户是一个很有生活情调的人。于是，在带客户看房时，销售人员就要在这类型房源中有所侧重。那种露台面积稍大、阳光较为充足、有足够的种植空间、阁楼却并不大的顶层住宅，其实就是客户最想要的房子。

（3）帮客户分析隐性需求，给予其一定的暗示

销售人员在挖掘到客户隐性需求后，可以帮客户对其隐性需求进行分析，让客户看到自己最真实的感受和最迫切的需求。举一个例子：

一位中年女子想给自己的两个侄子买衣服，她的预算是500元。但逛了很久，都没有买到。她有些沮丧。此时，她来到了一家童装店。一进门，店长的笑容让她感到很亲切。店长询问，她就说明了自己的需求。这位店长略微思考了一下，就说："是买给两个侄子当礼物的？"中年女子点头。店长立即推荐了爆款的变形金刚大黄蜂和擎天柱。说她侄子那么大的男孩子最喜欢这样的玩具，玩具质量很好，很环保，还能玩很久。小孩子长得快，买衣服的话，有时候可能会不合身。女士听了，询问价钱，觉得在自己预算范围内，立即入手了两个玩具。她后来想了想，觉得预算还足够，就顺便又买了两件外套。

这位店长其实就是分析出了客户的隐性需求：客户表面是想给侄子们买衣服，其实是想通过礼物来表达自己的心意，促进亲人间的感情。客户其实不一定非要买衣服，只要在预算范围内，任何礼物都是可以的。

房产销售也是这样，在深挖到客户隐性需求后，销售人员可以帮客户分析他的隐性需求，使客户的感受和表达更加清晰，进而做出正确选择。

5.6 引导客户说出需求的聆听艺术

希腊斯多葛派哲人芝诺说："我们之所以长着两只耳朵一张嘴，是为了多听少说。"当一个青年向他滔滔不绝地说话时，他打断说："你的耳朵掉下来变成舌头了。"

确实有许多能说会道的房产销售人员，他们的嘴是身上最发达的器官，无论走到哪里，嘴巴是他们浑身上下最锋利的武器。他们只想表达自己，却很少有心情倾听客户的需求。其实他们说的越多，了解客户需求的机会就越少。只有让客户多说，了解客户真实需求的机会才会越多。

5.6.1 这样听，客户才会说

倾听客户说话，并不是简单地听，而是有技巧地去听。这样不仅能听出客户话语里的意思，而且能听出客户话中的弦外之音。具体来说，这些倾听技巧如图5-8所示。

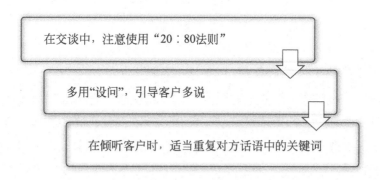

图5-8 倾听客户的技巧

（1）在交谈中，注意使用"20∶80法则"

意大利著名学者帕累托指出，在任何特定群体中，重要的因素通常只占20%，而其余80%是次要因素。因此，掌握20%的重点，就能操纵局面。房产销售人员在与客户谈话中，这个原则同样奏效。也就是说，用80%的时间倾听，20%的时间说话，是最好的时间分配方案。这样你能从客户的言谈中了解到客户的真实需求，你能够冷静分析对方的谈话内容，抓住关键之处。在倾听客户时，不要只是简单地发出"嗯""是"这样的声音，而是要安静下来，多注视对方，时机合适时，通过有意义的语言和肢体动作来回应对方，这样才能达到一个比较好的人际互动效果。

（2）多用"设问"，引导客户多说

在谈话过程中，你可以采用设问的形式来引导对方多说。设问用得好，能够诱人思考，使谈话更加有吸引力。但设问并不是什么都可以问，你最好问能够让对方感兴趣的、让对方感到骄傲的事情。比如客户事业成功的经验、客户目前最关心的话题以及他的兴趣爱好等。

（3）在倾听客户时，适当重复对方话语中的关键词

一个好的倾听者，他即便对对方的话题不感兴趣，也会不时地重复对方话中的关键词，这样对方就会觉得他是在认真听，并且对自己的谈话感兴趣。另外，客户说话时，他的关键词其实就已经透露出需求方向。比如，当客户说自己妻子是某学校老师时，他的需求方向很可能就是离这所学校距离近的二手房；如果客户抱怨股市低迷，那么他买二手房的真实需求其实是为了投资。你只有抓住关键词，才能听懂或引出客户的真实需求。

5.6.2 倾听客户需求的话术案例

（1）在交谈中，注意使用"20∶80法则"

有一次，莉莉带一位四十五六岁的中年妇女看一套小面积房子。这位中年妇女看完楼之后，却跟莉莉拉起了家常。她不谈自己买房的事，反而说起了这些年的遭遇。她自己开个饺子馆，丈夫好赌，输光了家里的钱，还卖了家里唯一的住房。她儿子考上了大学，但自己勤工俭学挣学费，非常不容易。她一边说一边哭。在这个过程中，莉莉也不提买房的事，她在整个过程中扮演倾听者角色，全神贯注倾听，适当的时候，感同身受地说"姐姐不容易啊""姐姐真的很坚强"。当这位中年妇女又感慨"唯一的住房都被败了，自己和儿子好可怜"时，莉莉就不失时机地抓住关键词，重复并反问"唯一的住房""真是可怜"等。中年妇女便问起："我看过的这几套小面积房子，最便宜的那套多少钱？我目前还有一点点积蓄。"话题自然而然转移到买房上。

（2）多用"设问"，引导客户多说

客户起初说自己想在玲玲手中买房，可见到房产销售人员玲玲后又改变主意说不想买了，玲玲并没有知难而退，而是态度很诚恳地问客户："刘总，咱俩年龄差不多，为什么你这么成功，手里这么多人脉和资源？旁人不知有多羡慕。能告诉我原因吗？"刘总见玲玲这么有上进心，就不好意思拒绝她，便开始给她讲述自己的成功历程。没想到一聊就是两个小时，玲玲始终在认真地听着，并在适当时提了一些问题，以示请教。最后俩人的话题不知不觉转移到了二手房上，客户也说出了自己买二手房的真实需求。

（3）在倾听客户时，适当重复对方话语中的关键词

客户说起自己现在所住的房子："我现在住的地方离上班的地方远着呢，面积也小，家里马上有二孩儿了，住不开啊。"此时，他话语中的关键词是这几个："地方远""面积小""二孩儿""住不开"。你可以用真诚的语气接话："很远？""要生二胎啦？""面积小了点？"对方听了，就会继续深入交谈，他的真实需求也就自然而然说了出来。

5.7 说得好有时不如问得巧

一位房产销售总经理讲了一个自己刚上任时的事情：

他刚到这个分公司赴任总经理的时候，看上去一点威严都没有。公司里的老员工抱怨说："难道就让这个乳臭未干的毛头小伙子来领导我们这帮身经百战的老员工？"

他知道新官上任三把火，第一把就是如何搞定这些员工。他上任第一天就把老员工一个个找来，连珠炮似的问起了问题。"你一周带几个客户看房，每个月平均成交率是多少？""你每个月缺勤几次，为什么缺勤率排第一？""你的客户投诉最多，这是怎么回事？要知道现在失业率挺高的。"……

就这样，这位年轻的分公司总经理问倒了所有的老员工，还未等别人给他下马威时，他已经给了他们一个下马威。

他所用的就是问题攻势对话术。房产销售人员在和客户打交道的过程中，也是这个道理。说得再多，客户未必领情，反而会越发抵触销售人员推荐的房源，甚至隐藏起自己真正的需求。此时，说得好不如会提问题。会提问在某种程度上能掌握话语主动权，有助于快速洞察对方的心理需求。

这里给大家提供三种探知客户真实需求的提问技巧，它们分别如图5-9所示。

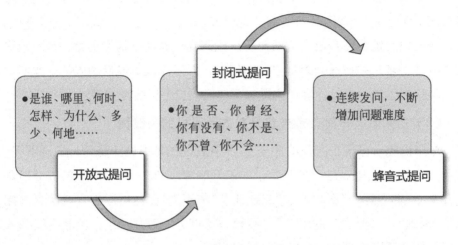

图5-9 探知客户真实需求的提问方式

（1）开放式提问方式

开放式问句是以"是谁""哪里""何时""怎样""为什么""多少""何地"等字眼来进行提问。问题的答案往往不是简单地回答"是"或"不是"，而是开放式的。销售人员通过这样的提问方式，一方面可以清楚了解客户的情况，把握客户真实需求；另一方面，也使得销售人员在与客户沟通中处于有利地位。

比如，销售人员手中二手房源很多，但是对于具体客户，他需要针对客户不同需求进行房源匹配。他可以通过这种开放式提问方式，迅速获知客户的真实需求。他问客户："你对现在住的地方有什么不满意之处吗？""为什么呢？"这样的提问，客户会自然而然说出对现在居住房屋的不满，而客户的不满正是他现在买房的需求所在。

（2）封闭式提问方式

封闭式问句通常以"你是否""你曾经""你有没有"或"你不是""你

不曾""你不会"等否定方式开始提问。这样的提问方式一般会收缩谈话范围，使话题聚焦在购买需求或购买决策上。当客户进行明确回答后，我们便知道了客户的明确需求。

比如，客户说自己对某套房源非常感兴趣，但是这房子楼层有点高，价格也有点高。此时销售人员不要对客户急于解释，避免产生分歧。而是要问："我们给您说的价位已经接近业主底线了，我们刚才和业主沟通过，说价格可以再降十万，但这就是最后底线了。不过，您能不能先交点诚意金？毕竟好房难求，业主也不会一直等着您的。"用让客户交诚意金这种封闭式提问，客户只有两种回答"是"或"不是"，客户的真实需求一听就能知道。

（3）蜂音式提问方式

如果你遇到的是相当挑剔难缠的客户，你不妨反其道而行之，使用蜂音式提问方式，在气势上压倒对方。一方面，你可以连续发问。连续发问就像"查户口"，很快会引起对方反感，问的问题越多，对方越难回答。另一方面，增加问题难度，让人无法或很难回答的问题，才能挫伤对方的锐气，压倒对方的气势，使对方不知不觉说出真实需求，对方是"诚心"买房还是"有意试探"或"犹豫不决"，总之，这样的提问方式，一下子就能辨别难缠客户的需求真假。

销售人员在使用蜂音式提问来探知客户需求的时候，需要注意：问题要尽量简洁，不要问那些敏感、复杂的问题，这样一来便于回答，二来也能够拉近彼此距离；多问对方能够回答"是"的问题，这样的问题利于沟通，容易取得信任；问"二选一"的问题，给对方提供的选择越多，对方越无所适从，不如用"A还是B"这样的问题形式更利于对方回答；多问对方开放式的问题，这种问题最大的好处是能够让你把握客户的需求。

第6章

看房看得好，客户跑不了

带客户看房，这是二手房销售中的核心环节，也是决定性环节。客户在看房的过程中，会发现一些问题，提出疑问，比如：房子的配套问题、房子有缺陷、房子地段不行等。销售人员只有做好这几点，才能达到好的售房效果。诸如：在带客户看房前做足功课，看透客户心理，巧妙解释房子缺陷，有技巧地帮客户排除异议，抓住时机来促单等。

6.1 一眼分辨买家和看家的几个秘诀

"一个人的手指甲、衣袖、靴子、裤子的膝盖处甚至大拇指与食指间的老茧,以及人的动作表情等,都能准确无误地显示出他的职业来。如果把这些情形联系起来,还不能使案件的调查人恍然领悟,那几乎是难以想象的事了。"这句话来自《福尔摩斯探险集》。人们很多时候都是被自己的肢体语言出卖的。

销售人员在带客户看房之前,其实就可以从客户的一些肢体语言来判断真假买家,从而在销售过程中就避免了一些无谓的努力。

6.1.1 察言观色,看透客户心理

客户可能会说谎,但他的身体不会说谎。肢体语言总是会无意中透露出客户的真实想法。

比如客户突然触摸颈部,或者摸耳垂,这说明客户比较紧张。女士可能会玩弄颈上的项链,男士可能会拉拉领带,这些简单的动作也代表同样的意思。客户在做深呼吸,或者在看房过程中都不太爱说话,突然话就多了,这代表他情绪开始变得不稳定。客户用手放在大腿上,不自觉来回摩擦,这表明他在试图缓和自己的情绪。

客户的肢体语言就是一条重要的售房线索。如果客户一开始就并不是想买房子,而是"随便看看",那么在他的肢体语言上就能表现出来。比如,你在和他的交流中,发现他的眼睛东张西望、漫不经心;或者他双手抱胸,对你的看房提议不置可否等。那么在带客户看房前,如何从客户的肢体语言来解读其心理,识别真假买家呢?大家可以参考表6-1所示客户肢体语言的解读。

表6-1 客户肢体语言的解读

肢体语言	肢体语言解读
睁大眼睛、四目对视很久	有浓厚的兴趣,有极强的信任感
眼神四处游离	反对的信号,无法接受销售人员所说的话

续表

肢体语言	肢体语言解读
无视、低头俯视	印象差，无心买房
轻揉鼻子	不相信、无兴趣
抚摸后脑	这是反对、不赞成的信号
摸鼻梁、抚下巴	正在考虑，或进入最后决定状态
捏着手指或握拳头	想尽快结束话题
轻拍手掌或抚摸头发	同意的信号
将手静置口袋	防御性动作，客户对陌生的环境感到不安，处于焦虑状态
不停地搓手	除了天气原因，就是客户正在做决定，犹豫不决
手掌展开	开放、诚实、愿意提供帮助
双手抱胸	抗拒、封闭、防卫
身体前倾	感兴趣
身体躺在沙发上倾听	非常放松，多表示赞同
频繁看时间	太忙，有其他事情或者根本不感兴趣

关于客户的肢体语言还有很多，这里不再一一列举。作为房产销售人员，平时多察言观色，不要急于开口说话，就很容易从客户肢体透露出的语言中把握其内心真实意图，这样，销售人员在带客户看房或在看房工作中，也能采取相应的对策。

6.1.2 一眼看透买家和看家的案例

（1）案例一

客户（摸鼻梁）："您这房价格还是高，离我上班的地方有点远，景观不太好，不喜欢这套。"

销售人员在处理客户的异议时，客户还不经意出现几次托下巴、身体前倾、睁大眼睛等姿态。

这位客户在看房过程中，还不时地看着附近漂亮的景色或仔细观察卫生间的洁具品牌等，或询问这些是否写进合同、看中业主买房附送的物品等，虽然他在语言上表达了异议，但是这位客户在带看完之后摸鼻梁、睁大眼睛、又托下巴等动作，表明他其实喜欢上这套房子了。

（2）案例二

客户（双手抱胸）："这套房子不错，不错。"

客户看完房子后，不提出异议，一直说好，但在肢体语言上表达出抗拒性。此时，如果销售人员认为是成交机会，进行逼单，那么客户极有可能说自己回家考虑之类的话来推脱。

（3）案例三

客户（整个人都瘫坐在沙发上，很放松的样子）："还行吧，我在考虑。咱们价格上可太高了点啊！"

客户表现出非常放松的姿态，其实是已经默认销售人员提出的成交条件了。表面讲价，其实心里也接受销售人员提出的价格。

6.2 带客户看房前的铺垫工作

房产销售人员在带客户看房前，必须做足准备工作。诸如：带客户看房前，协调好业主和客户的关系；考虑业主和客户双方工作情况，提前和客户敲定看房时间；起草看房委托书；设计好看房路线等。下面来详细说说带客户看房前最有力的铺垫工作。

6.2.1 约客户看房的3个要领

（1）协调业主和购房者两者时间的技巧

① 销售人员需要清楚业主和购房者两者各自的职业特点以及工作时间安排。

② 预约要提前，给双方一些安排手头工作或事情的时间。

③ 带看前一天，再次确认带看的时间、地点、约业主时间段，防止因时间问题使销售工作陷于被动，导致带看房不顺利。

（2）销售人员约客户看房的方法

大家可能有过这样的经验：某客户买房需求几乎是百分之百，可以算得上十拿九稳。结果打电话过去约客户看房，很直接就被拒绝了，有时甚至态度恶劣。这其中原因很多，但很重要的一点就是，销售人员约客户看房时不注重技巧，忽略了很多细节。这里详细给大家介绍一些方法，如图6-1所示。

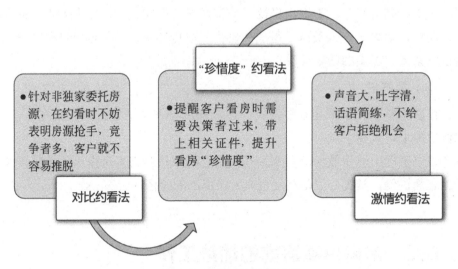

图6-1 约客户看房的方法

① 对比约看法话术　××先生吗？我是××公司的××。我这里有某小区刚出的一套非常超值的三居，业主急用钱，100平方米，200万元，还送车位。现在很多公司都在约客户看这套房子，看晚了估计就没了。您明天能来看房吗？

② "珍惜度"约看法话术　您这边几个人过来看房？最好带上家人一起来看，业主这边很不好约，就能看这一回。

这套房子您一定得过来看看，明天您过来，我把您安排第一个看房。明天十点后看房的人就很多了，咱们可以提前来，占个先机。

③ 激情约看法话术　××先生吗？我是××公司的××。某小区刚出一套非常超值的三居室，这套房子无论从户型、面积、装修、价格等方面来说，都是非常符合您的需求的。您明天上午十点可以过来看房，请务必过来，机不可失！

（3）做好业主和购房者两者之间的分别沟通

销售人员在带客户看房子之前，可以私下和业主以及客户进行沟通，为顺利看房做铺垫。具体如表6-2所示。

表6-2 看房前的沟通工作

对象	沟通技巧
业主	提醒业主做好室内环境卫生，整洁的环境有利于成交 提醒业主多强调房子优点，说明是不得已的情况才卖房的 提醒业主不要说太多话，不要让客户觉得业主是在着急卖房 请业主做好签单准备，提前了解交易流程，这样就不容易产生后期的"拖单"问题 对于不想让看房的业主，销售人员可以经常打电话给他，告诉他自己找了几个客户，但都看不了房子。客户都买其他房子了，太可惜了。想卖出去，就得让客户尽快看房
客户	不能让客户看太久，否则客户很容易"没问题也看出问题" 提醒客户不要当着业主的面挑房子的问题，这样很难成交 提醒客户不要过多询问业主，这样很容易显出自己一方急于成交，使业主不容易露出底价

6.2.2 规划有利于客户迅速决策的看房路线

营销专家做过这样的实验：当一个男子走进一家男装店时，他想买一套三件套的西装和一件内穿的毛衣。这种情况下，营业员应该先带他看套装还是看毛衣？

根据我们的常识，可能觉得应该先让对方买毛衣，毛衣相对便宜，顾客还有更多钱去买套装。但实际上，恰恰相反，有经验的营业员应该先卖套装，因为顾客一旦买了套装，再挑选毛衣时，即使再贵的毛衣与套装价格相比，都显得不贵了。

这就是"对比原理"的有效体现。先将贵重的商品展示给客户可以更多售出商品，赚到更多钱。如果先让客户看便宜的商品，等他们看到贵的商品时，就会本能地觉得不值这个价钱。

二手房销售也是如此。因此，销售人员在带客户看房子时，应对看房路线有所规划，设计出有利于客户迅速做出决策的看房路线。

一般来说，对于一个客户，一天之内，销售带看的房子最好不要超过3套。看房路线在设计时，可以遵循图6-2所示的原则。

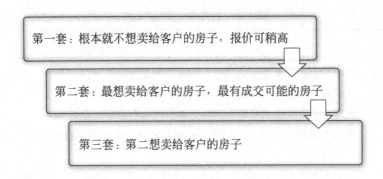

图6-2 看房路线设计方式

6.3 介绍二手房的"231"黄金法则

销售人员必须对自己的产品非常熟悉,才能将产品销售出去并不断拓宽销售的途径。同理,房地产销售人员要想顺利将自己的房子推荐给客户,那么在带客户看房的过程中,就应该将自己"产品"的特征、功能、能带给购房者的好处等一一说给购房者。这里给大家介绍一种介绍二手房时的秘诀——"231"黄金法则,如图6-3所示。

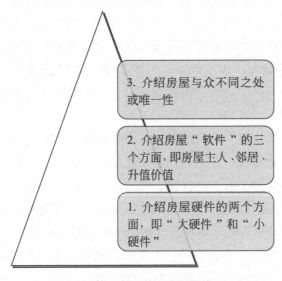

图6-3 介绍房屋的"231"黄金法则

（1）介绍房屋硬件的两个方面，即"大硬件"和"小硬件"

① 关于房屋"大硬件"。

小区周边配套设置：小区周围的超市、医院、学校、菜市场、地铁、商业街等设施。

小区物业管理情况：小区物业的管理方式、治安岗亭、保安数量等。

小区配套设施：小区内的公园、游乐场、健身房、学校、便利超市等。

房产销售人员在介绍这些"大硬件"时，应强调这些"大硬件"给业主带来的舒适性、便利性、安全感、自豪感等，让客户自己去感受，说服效果才能更好。

② 关于房屋的"小硬件"。

介绍户型：包括房间的大小、采光、朝向、层高、采光等。

介绍装修：房屋的装修风格、装修质量、给人的温馨感或豪华感、房屋材质、房屋的家具和家电品牌等。此外，销售人员在介绍户型时，可多强调户型优势，多为客户描述未来生活场景。销售人员在介绍装修时，要强调装修格调带给置业者的安全感、幸福感、舒适性等，让客户自己去想象和感受。

（2）介绍房屋软件的三个方面，即房屋主人、邻居、升值价值

① 介绍房屋主人的一些积极方面。一般情况下，客户购买二手房，都想知道房屋原主人为什么要卖房子或房屋原主人以前的一些事情。销售人员在这方面要特别注意，多介绍房屋主人积极的一面。

房产销售人员小A在向客户介绍房产主人"发家史"时说："原来的业主，我们很熟。他五年前买这套房子时，开着小面包。可现在呢，人家是夫妻俩一人一辆奔驰。要是五年后，你买了奔驰，要借我开一开，过把瘾啊！"客户本来迟疑不决，因为小区年头久了点。但听了原业主的"发家史"，果断入手这个二手房。

② 介绍房屋"邻居"的友好或高素质。买二手房用来自住的购房者往往关心有什么样的邻居。高素质或者友好的邻居也能为房屋增加附加值。房产销售人员在推荐房屋时，可以用邻居或小区居民的整体素质来打动购房者。

③ 介绍房屋"升值空间"。客户买房无论是为了自住还是出于别的目的，都希望买到的房屋是保值升值的。因此，销售人员在带客户看房、介绍房屋时，尤其要注意这点。可以提起近年来此地段楼盘的升值概况，或楼盘周围

是不是有地铁、大型购物商场等规划,以此证明你所推荐的房屋是物超所值、值得拥有的。

(3) 介绍房屋与众不同之处或唯一性

每套房子都有一些与众不同或唯一性的地方。房产销售人员在带客户看房子时,如果发现房子的独特性,一定要给客户强调出这一点。一般来说,谁都希望拥有独一无二的房子,因为"稀缺"和"特别",更容易打动购房者。

最后,引导客户说出自己的心理价位,这是带看房子的最终目的。只有客户出价,才加速成交的可能。如果客户不出价,成交的机会就会减少。在客户出价高于卖方底价的情况下,不要轻易给予答复,否则客户会认为自己出价高了,容易反悔。如果客户出价低于或远低于卖方底价,此时要坚决否定他的价格,并重新出价,"这个价格不行,昨天有客户给到××万元,房主都没答应。如果您觉得这套房子很合适,就出个有诚意的价格"。如果客户的出价很接近业主底价,那么你也可以和业主协商,尽量促成交易。

6.4 不要隐瞒房屋"缺陷",但可以巧妙地解释

购房者买房时,多是抱有很大的期望值,希望买到十全十美的房子。而且,不同的购房者对房屋的需求不同、审美不同,有些人认为好的,可能有些人就认为不太好。当然,有些二手房确实也是有缺陷的,比如建筑年代比较长、房屋设计和户型都比较老旧、装修过时等。

每个二手房销售人员在带客户看房过程中,都会遇到客户对于房子"缺陷"的质疑。这种情况下,销售人员如果刻意回避房屋的"缺陷"问题或者对"缺陷"做出的解释无法让客户满意,都会导致客户"跑单"。那么销售人员如何对"缺陷"进行巧妙的解释呢?

大家可以采用图6-4所示的

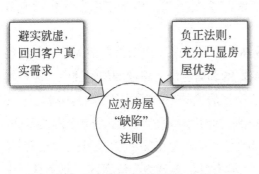

图6-4 应对房屋"缺陷"法则

两种万能方式,既不回避房屋的"缺陷",又给予客户一个满意的解释。

(1)避实就虚,回归客户真实需求

当客户对房屋提出一些异议时,并不代表客户对这个房屋一点都不感兴趣,相反,表明这个房屋有吸引他们的地方。而这个吸引点就是客户的"软肋"或者说是客户的真实需求。房产销售人员在带客户看房的过程中,可注意观察客户"软肋"。当客户提出异议时,销售可针对客户的"软肋"来避实就虚,说服客户。我们来看一个案例:

有一位房产销售人员带一对夫妻去看一栋老房子。夫妻俩刚进院子,就被院落里的那棵开满樱花的樱花树吸引了。妻子情不自禁地说:"真美!"一旁的丈夫朝她使了个眼色,示意她别太兴奋,不要让销售人员看出来。这位销售人员当然看出来了,于是,接下来就有了这样一段对话:

先生抱怨说:这个客厅的地板太旧了!

销售人员说:是啊,您说得很对,确实有点旧。不过我想问您一个问题。

先生:什么问题?

销售人员:您有没有发现这个客厅有一个明显的优点,无论您站在客厅哪个角落,一抬头看窗外,都能看到院子里的那棵樱花树?

这对夫妻没说话,跟着销售人员看别的地方。等到了厨房,太太捂着鼻子说:这厨房用了许多年,油烟味真重!太破旧了!

销售人员:您留意到了吗?这个厨房无论炒菜还是切菜,都能从窗口看到那棵樱花树。

这位销售人员采用了"避实就虚"的话术,在带客户看房过程中,无论客户如何抱怨刁难,他既不回避房子的"缺陷",又总能拿客户喜欢的樱花树来进行巧妙解释。最后,这对夫妻花了一大笔钱买下了这套房子。

这种方法还可以用一个万能话术公式来表示,如图6-5所示。

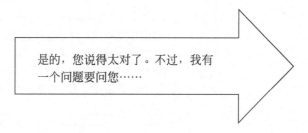

图6-5 万能话术公式

客户就房屋的缺陷提出异议后，如果你与他讨论他拒绝的内容，那么你的思路就会被客户牵着鼻子走。相反，如果你同意他的说法，反而给他个措手不及，没办法反驳你。接着，你用"但是""不过"来转折，并提出自己的疑问——"我有一个问题要问您。"此时，客户就会顺着你设计的方向来思考，很容易促成交易。比如：

客户：这房子的外墙也太旧了，很难看。

销售人员：是的，您说得太对了。不过，我有一个问题要问您。

客户：什么问题？

销售人员：您不知道吗？去年咱们省的文科状元就是咱们这个小区的，他小学就在旁边那所重点学校就读。

客户的思路会受到销售话术的影响，不再关注房屋的"缺陷"，而将思维转移到"这个小区出人才"以及"附近小学很不错"这些条件上。

（2）负正法则，充分凸显房屋优势

房地产销售人员在带客户看房的时候，先说房子优点和先说房子缺点，其实最终达到的效果是完全不同的。房产销售人员最好先说缺点，再重点阐述优点，这叫"负正法则"，是一种淡化劣势、强化优势的好方法。如图6-6举例所示。

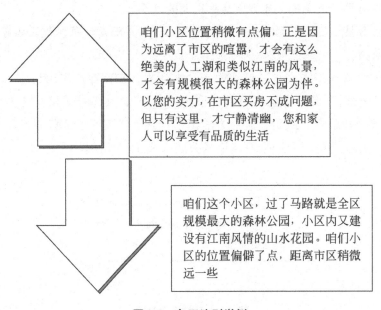

图6-6　负正法则举例

我们通过对比这两段对话，不难发现：先介绍优点，最后承认缺陷，这样一来，客户容易记住的是房屋的"缺陷"；如果先承认"缺陷"，再详细介绍优点，这样客户就能对房屋或小区的优点留下深刻印象。

6.5 客户看房最喜欢听的FAB对话法

FAB对话法，是销售人员向客户分析产品优势的好方法。FAB对话法，即在进行产品介绍、销售细节等表述的时候，将商品本身的特点、商品所具有的优势、商品能够给客户带来的好处结合起来，针对客户需求意向，有选择、有目的、有条理地进行对话说服。

在房地产销售中，如果想更多挖掘房屋优势信息，有效、清晰地给客户进行楼盘介绍，那么，FAB对话法是很不错的方法。

6.5.1 FAB对话法法则

FAB对话法是将产品从三个层次加以分析、记录，并整理成产品销售的诉求点，进而说服客户，促成交易。FAB对话法含义如图6-7所示。

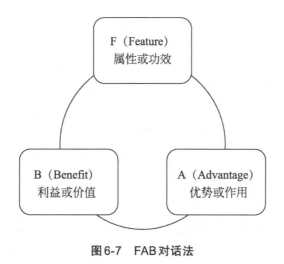

图6-7　FAB对话法

(1)F(Feature)属性或功效

产品属性包括：框架结构、电梯、配套、双阳台、入户花园、楼层优势、景观、间隔方正等。例：这套房子性价比很高，户型方正，并且有两个阳台。

(2)A(Advantage)优势或作用

优势或作用是指自己的产品有何不同，能带来何种体验。这些包括：临近学校、有大型超市或购物中心、临近地铁线、公交线路多、楼层优势、物业服务优势等。例：它位于中间层，冬天不冷，夏天不热。

(3)B(Benefit)利益或价值

利益或价值是指这一优势带给客户的利益。比如，一些入户花园能给客户带来清新感，并且入户花园多是只计算一半面积，相当于白送另一半面积等。例：您不会忍受一楼下水道堵塞和顶层漏雨的闹心。

需要提醒大家的是：在使用FAB对话法时，要注意关注客户的"买点"，知道客户本身所关心的利益点在哪里，投其所好，才能达到一定的效果。另外，在使用FAB对话法时，要从房屋的特征、特点到优势逐步逐层介绍。初学者最好记住这样一个话术模板来不断熟练这种对话法并提升效率，如图6-8所示。

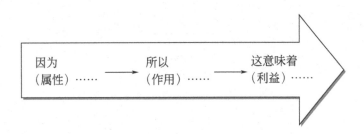

图6-8 FAB对话法模板

6.5.2 FAB对话法使用技巧

销售人员在使用FAB对话法向客户介绍房子时，可以适当采用这样一些技巧和方法来强化效果，如图6-9所示。

图6-9 强化FAB对话法的技巧

（1）求同存异

在销售过程中，应秉着求同存异的原则，进行商品推介时要寻求彼此共同的观点。销售人员所寻找或建立的共同观点多是这样两种情况：自己的观点中顾客所同意赞成的；顾客的观点中可以用来进一步阐释的。其中，在第二种情况下建立共同观点为佳。

我们举例来说，客户要买熟食，他先问价钱。销售人员不必急于回答，而是说："您可以先尝尝，看好不好。"客户一旦尝过，觉得味道不错，销售人员就顺势说："味道很不错吧？"当看到顾客露出认同的表情时，就可以进一步推介此类熟食。

（2）得寸进尺

这种方法具体为：先提出一个客户容易做到的小的请求，再提出一个有点难度的大的请求。从心理学角度来说，人们都有种不愿出尔反尔的心理，再加上两个请求存在连带关系，因此，对方一旦答应了前面的小请求，往往容易同意后一个请求。

大家在买东西时，经常会发现超市促销活动中，满100元减20元、满200元减50元等。客户为了能减免费用的"小请求"，进而也花出去了更多的钱，答应了超市的"大请求"。

（3）避重就轻

"避重就轻"是指，如果客户在交流中谈及的事情跑题，或者属于敏感问题，或者客户提出了异议等，销售人员不便说或不便纠正，就可以简单带过，转移到其他话题。

（4）逻辑引导

人们的购买动机分为理性动机和情感动机。一般来说，当人们主要考虑商品的质量水平、技术性能时，主要体现的是理性动机；但当人们涉及美或不美、时尚与否时，更多体现的是情感动机。销售人员可以根据不同客户习惯的思维方式来进行FAB对话法。

（5）损益对比

凡事有利有弊，客户在买房时可能因为害怕风险而犹豫不决，此时，销售人员在和客户谈话时，要把买房子的好处和风险等进行对比，让客户体会到买房子的好处远远大于风险，此时，客户才能下定决心购买。

6.6 用"第三人需求"法，打消客户顾虑

有一个很经典的小问句："如果你媳妇和你妈同时掉进河里，你要先救谁？"答案千奇百怪，甚至大家都因为先救媳妇还是先救妈妈在网上"开战"。可是，诸位都是会游泳的吗？

其实，很多人都会为了亲人或爱人做出很多"牺牲"和"退让"，甚至付出生命，但从未考虑过自己。这种考虑"第三人需求"而忽略自己需求的方法，同样适用于房地产销售。

6.6.1 "第三人需求"法话术举例

我们在介绍房子给客户时，可以将这套房子带来的好处讲成是能满足客户亲人的需求，这样成交的概率就大了很多。

比如，有一对夫妻看某城市某城区的房子。丈夫看了三套之后，打算打退堂鼓。最主要的原因是这个区域的二手房普遍老旧小，而且这个区域的新房价格是无论如何都难以承受的。他跟销售人员说自己打算考虑远郊区的房子。销售人员小郑在他们登记房源的时候，就很留意他们的工作情况。丈夫是在这座城市西边某工厂做经理，妻子是在这座城市东边某企业做人力资源，家里有一个刚上小学的孩子，平时上学放学都要接送。

于是小郑就自然而然提到他妻子工作和接送孩子的问题："先生，您太太挺不容易的，又要工作又要接送孩子，住得离工作单位近点，孩子又在附近上学，这样您太太就轻松多了。"

妻子百般推让，而丈夫此时却打定主意要买看过的几套中的一套。

小郑利用的就是典型的"第三人需求"话术来说服客户的。其实在工薪阶层购房者中，很多人买房都是考虑离夫妻双方其中一人比较近，还有方便接送孩子等很现实的问题。

6.6.2 "第三人需求"法话术要领

"第三人需求"法的确可以使很多看似不可能的房产交易成为可能。那么销售人员该如何利用"第三人需求"话术来说服客户呢？大家可以参考图6-10所示的三条要领。

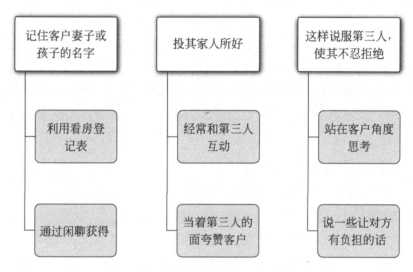

图6-10 "第三人需求"法使用要领

（1）记住客户妻子或孩子的名字

人们一般都对自己的名字非常敏感，作为房产销售人员，如果一见到客户就能得体称呼，无疑会给对方留下极好的印象。但是如果想成为一位优秀的房产销售人员，记住客户的名字还不够，最好记住客户妻子和孩子的名字。在和客户一家人见面交谈时，如果能问到"您女儿小乐乐最近还继续学美术吗？""您儿子豆豆挑食吗？"喊出对方亲人的名字，这比喊出对方的名字更令他感到亲切。

那么，如何记住对方亲人的名字呢？一方面，可以在对方第一次看房登记时，在表格中请对方签上配偶的名字。另一方面，在和客户闲聊中，打听出对方孩子的名字。当再次见到客户的时候，可以查阅聊天记录和登记表，这样带客户看楼时，自然而然地称呼客户和其家人名字，客户一家人就会觉得销售人员亲切和值得信赖，也更愿意从对方手中买到合适的二手房。

（2）投其家人所好

一般客户看房子时，会带着自己的家人或者朋友。此时，销售人员虽然知道谁是决策人，谁说话更有分量，但是也要照顾到客户周围的亲人或朋友的感受，与他们搞好关系。

如果客户是带着小孩来看房子，销售人员就要经常和这个小朋友聊上几句，问问小朋友的年龄、平时喜欢吃什么零食、小朋友最喜欢看过的哪套房子。销售人员也可以和对方的妻子聊一聊家庭琐事等。

另外当着第三人的面夸赞客户，也能起到很好的沟通效果。你可以当着客户妻子的面，夸赞客户如何如何事业有成、如何如何精明等。一方面，客户的妻子听了很高兴，她为有这样的丈夫自豪；另一方面，这虽然没直接赞美客户，但客户听了也会心花怒放，这比客户直接听到那些赞美之词还有效。

（3）这样说服第三人，使其不忍拒绝

当客户比较满意，但是他的家人比较犹豫的时候，如何说才能说服客户和其家人，使大家都说"Yes"呢？

销售人员可以先站在客户角度思考客户在家中的地位、工作中的处境等，然后适当说一些让第三人有负担，直击其薄弱的地方，那么很多难题将迎刃而解。倘若对方在理智上不能接受，不妨从感情入手，让对方不知不觉赞同你的想法和决策。

客户大成和妻子小月跟着小赵看房子。在看了几套房子之后，小月就明显表现出不高兴。她特别反对大成买二手房，一直想买新开盘的房子。可是周边新开盘的房子与二手房相比，每平方米至少多出了1万元。如果买一套100平方米的房子，就要足足多出100万元。大成手头钱不多，又不想买小面积新楼盘。小赵在知道事情原委后，他就多次跟小月强调大成工作辛苦，挣钱太难了，岁数不小了，也不能太拼了。小月再没有说拒绝的话。

不管第三人多么不喜欢二手房，只要你通过一定的努力在情感上打动对方，第三人就会站在客户的角度去考虑问题，就容易被你说服。

6.7 避免业主和客户当场谈价格的技巧

房产销售人员有时候会遇到这样的情况：辛辛苦苦盯了好久的客户，终于约来看房。结果销售人员陪客户看了半天房，客户却突然和业主两个人直接"递纸条"了。这种情况如何是好？立即禁止，会使买卖双方都感到反感，更坚定了双方直接交易的可能；当作没看见，可能接下去的工作都没办法继续；认为签了看房协议，客户和业主怎么联系都没影响，其实也未必，注意了，有些想避开中介佣金的客户，可能一直都没用真实姓名。那么面对这一棘手的问题，房产销售人员该如何做呢？

6.7.1 事先防范与事后制止

房产销售人员对于客户与业主私下跳单这一行为一定要制止，但制止过程中一定要顾及双方的面子，不能使双方尴尬难堪。最好的方法是做好事先防范和事后制止，但这其中也要讲究一定的策略。

（1）事先防范

销售人员在约客户看房前，应在电话预约沟通环节就告之注意事项。用电话表达时，需要站在业主和客户的立场上为他们考虑，告诉他们在现场直接谈价可能产生的不良影响。为了增加说服力，可引用一些简单案例，如图6-11所示。

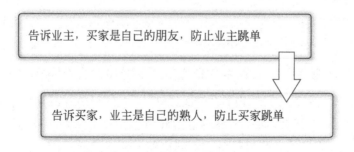

图6-11 谈判前的防范技巧

（2）事后制止

有的客户认为二手房中介佣金太高，因此不愿意支付中介佣金，刻意想联系业主，进行私下交易。很多客户在销售人员带看房过程中碍于面子，一般不直接和业主联系，但是看完房后却偷偷返回找业主。因此，在送走客户后，为了防止客户跳单，销售人员应按图6-12所示流程做。

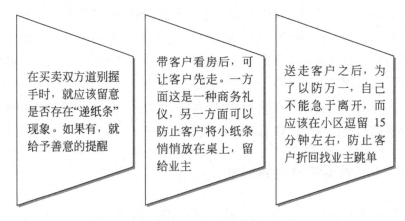

在买卖双方道别握手时，就应该留意是否存在"递纸条"现象。如果有，就给予善意的提醒

带客户看房后，可让客户先走。一方面这是一种商务礼仪，另一方面可以防止客户将小纸条悄悄放在桌上，留给业主

送走客户之后，为了以防万一，自己不能急于离开，而应该在小区逗留15分钟左右，防止客户折回找业主跳单

图6-12　防止客户跳单的技巧

6.7.2　防止客户跳单的话术

话术一：防止业主和客户当场谈价格

（1）房产销售人员在带客户看房前，这样向客户介绍业主：

"白小姐，我们曹先生是事业有成的人，很多人都想私下认识他，您可能也希望和他成为朋友吧。这样，你们签合同那天，我会正式介绍你们彼此认识，希望你们彼此成为朋友。我们公司规定不允许买卖双方在签约前互留联系方式的。"（暗示客户不能跳单。）

（2）房产销售人员在带客户看房前，这样向业主介绍客户：

"赖先生，等下我们上去看您的这套房子，客户是我同事的亲戚，他为人挺好的，也非常的诚信。"（经过这番介绍后，业主认为客户是销售人员的朋友或熟人，就是一开始想跳单，听到这些也会打消念头。）

"王女士，有件事我想和您说一下，这位客户善于压价。上次带他去看房，他当场就跟业主砍价，结果搞得双方不欢而散。一会儿看房时，如果他询问您价格，您就直接推给我们。我们在这方面经验比较丰富，能让您的房子卖到满意的价钱。"（业主听到这些，自然对客户多了戒心，觉得还是委托中介最为放心。）

话术二：防止客户看房后回头找业主

"李女士，那我们先走了，刘先生回去考虑一下，有什么情况，我们都会随时打电话给您的，谢谢您今天抽空来开门。"（销售人员带客户离开时，站在业主和买家之间，防止他们握手搞小动作。）

"咦，王姐，这么巧，怎么您也有东西落在业主家吗？我都走到车站了，才发现自己一份文件忘在了业主白姐家里。您把什么东西忘在那里了呀？"客户为了避免尴尬，多会找理由说想再看看这个小区，销售人员可顺势说"我正好有空，又非常了解这个小区。我再陪您看看……"（一方面，要让客户相信不是为了防止他返回找业主；另一方面，陪同客户，让客户没有私下接近业主的机会。）

6.8 把握六种促交时机，锁定客户购房意向

很少有客户只看一两次房子就立即拍板买下来，也很少有销售人员只带客户看一次房，就签下一个单。一般来说，客户看完房子之后，是促交的最佳时机。如果此时销售人员疏忽大意，很可能客户就会另找别家销售人员或者改买其他地方的房源了。因此，在客户看完房之后，销售人员就要采取一些主动的措施来适时促交，锁定客户购房意向。

6.8.1 如何判断客户看房后的购买意向

客户在看完房后，一般会出现这样四种情况：愿意购买，直接下定金；没兴趣，果断拒绝；说保持联络，但无法决定下次看房时间；想重新回去看或重新考虑。那么销售人员在带客户看房时或看房之后，如何准确判断出客户的购买意愿适时促交，或者趁早为下次看房做出准备？销售人员可以从客户的语言和行为所发出的信号来读出客户的购买意愿，如图6-13所示。

| 语言信号 | • 讨价还价，要求价格低于成交价时
• 询问房产居住效果和附加功能时
• 询问房产前房主的情况或不停指出缺点时
• 询问房产能带来较好的利益时
• 询问交易流程，比如：首付多少，贷款利息，交易时间 |

| 行为信号 | • 不停地翻阅关于此房的资料时
• 开始与第三者商量是否购买此房时
• 表现出兴奋的表情时
• 身体前倾，习惯点头微笑
• 看房时间长，不想走时
• 开始用尺子或脚步丈量房屋面积 |

图6-13　影响客户购买心理的语言和行为信号

6.8.2　锁定意向，促成交易的技巧

在客户语言或行为上透露出购买意愿时，销售人员应把握机会，争取在第一时间促成交易。在客户看完楼后，邀客户回店内谈价格，利用团队力量打动客户，成交的概率比较大。此时，不仅仅是销售人员一个人在努力，店长和其他同事也会助销售人员一臂之力，使客户的这种购买意向变得更加强烈和冲动。通常，团队力量打动客户的技巧可分为图6-14所示的几项。

图6-14　利用团队力量打动客户的技巧

（1）赞美房子和客户

销售人员带客户回到店内后，可以借助同事的嘴来称赞房子和客户。比如："您眼光真不错，您对这套房子感兴趣，证明您还是个懂行人！这套房子质量好，价格在此商圈却低于均价，是很难得的好房子！"

（2）夸大辛苦程度

销售人员的同事也可以就销售人员寻找此套房源的辛苦程度进行夸大。比如："他为了给您找这套房子，在小区里挨家挨户打听呢。天天在小区门口找客户，很不容易。还有，他跟房主谈价格也是费了很大力气，人家看他这边客户是诚心买房，实在拗不过，才说了这个价格。"

（3）借电话让客户付定金

在其他客户电话咨询同套房源或类似房源时，趁机进行促单。可以这样说："您说您想看××小区那套房子？你想预定看房时间？嗯，那一会儿过来谈谈吧！"此时，客户如果购买此房的意愿非常强烈，就会立即付定金。

需要提醒销售人员的是：在带客户看完房子后，千万不要让客户独自离开，否则不仅意向会随时间变淡，而且客户还有可能选择别家中介的房源。

第7章

排除异议,让业绩飙升

客户在买房时,经常会提出这样或那样的异议。诸如:房子周边吵闹,房子配套落后,房子地段不行,房子楼层不合适,房子户型不合理等。面对客户的异议,销售人员怎样处理才能帮助客户排除异议,使客户满意签单,让销售业绩飙升?

7.1 异议一：房子靠近马路，太吵闹

有一对夫妻看中了一套房，顶层复式，主卧朝南，12层。这套房子无论从户型设计，还是装修上来说，夫妻俩都是相当满意的。他们看了这么多家，只相中了这一套。可是有一个问题，那就是这栋楼临街，车来车往非常吵闹，另外道路两旁商店林立，时不时传出喇叭里的吆喝声，他们有些犹豫。此时，带他们看楼的销售人员美云看出了他们的心思，三言两语，就使这对夫妻下定决心买下这套房。她用的什么方法？

【应对分析及技巧】

靠近马路的房子相对来说确实是有一些噪声，很多客户对这种房子有异议也正常。但是靠近马路的房子相对来说，在单价上与同区域其他房源相比要低一些。对于一些刚需族或投资房产的客户来说，在价格和地段上都是有一定优势的。关键是如何说服有这样需求的客户下单。

当销售人员遇到这种异议时，可能会出现这样一些错误的应对方式，如图7-1所示。

图7-1 应对房屋太吵异议的四种错误对话术

这些解释缺乏足够的说服力。前两种对话方式中，销售人员说白天不吵或者车不多，那么当客户最终证实后，可能会投诉销售人员有意欺骗；后两种对话方式中，承认吵闹，力争不与客户陷入争吵，但却没有抓住重点，客户没必要因为价格便宜或习惯这样的生活而选择妥协。那么房产销售人员该

如何应对客户的这种异议呢？

　　首先，销售人员没必要否认这个显而易见的缺陷，而是要告诉客户可以采取一些小的改造措施来进行弥补。比如安装双层隔音玻璃或者中空的厚玻璃，只要关上窗户，就没有噪声的烦恼了；最近几年兴起的隔音纱窗据说也有不错的效果。如果道路上的绿化很不错，可以告诉客户绿化率高的道路上的噪声相对要少，绿树会减弱部分噪声污染。

　　其次，帮客户分析靠近马路的这套房子的优势。先要肯定客户看重的优点，比如户型结构不错、装修很好等，然后就可以说说靠近马路的房子价格一般也比较低，通常比不临街的同样户型的房子便宜十几万，并进行具体描述，比如附近不临街的每平方米3万元，但这临街的房子每平方米2.5万元，一套100平方米的房子买下来，省了50万元。除了价格因素，还可以说说临街房子视野开阔，采光性好，离公交站近等特点。

　　正确对话方式1：

　　其实这条路车流量不大，绿化率蛮高，也能减弱一部分噪声。如果您还是怕吵，可以安装隔音的中空厚玻璃。我一个客户就是这样做的，他说装修这种玻璃后，一关窗后，一点噪声都没有。而且这套房子比同户型的其他房子便宜很多。您看，这小区内侧的房子是每平方米5万元，可这套却是每平方米4万元。100平方米的买下来，省下100万元，性价比真是太高了！

　　正确对话方式2：

　　您不是想投资吗，这房子就很合适。临近公交站，地铁也近，租住率相当高。又因为路边相对来说吵一点，也因此每平方米价格就低了2000元左右。按100平方米来说，您可省下20万元呢，而租金却差不多，多划算啊。另外，只要安装双层隔音玻璃，窗户一关基本上没噪声。您要是不想出租了，过几年一倒手，差价也不少，您这收入也相当可观。

7.2　异议二：房子的配套不行，太陈旧

　　销售人员张佳带着客户看了小区的几套房源后，客户对房子表示非常满意："这都二十年房龄了，楼梯没有裂缝，楼顶也没有漏雨痕迹，质量还

行！"张佳也附和客户："这个小区的房源，与附近其他同等房龄小区相比，在质量上没得说。"但客户也提出了他的异议，那就是"小区配套不行，有的健身器材太陈旧了，并且没有可以锻炼身体的场所。"那么销售人员张佳该如何应对客户提出的异议呢？

【应对分析及技巧】

以前人们在选择住房时，注重面积，住上面积大的房子就很知足了。如今，随着人们生活水平的不断提高，大家在选择住房时，不仅对面积有要求，对小区的配套设施以及小区环境的要求也越来越高。要求有大片的园林，有运动馆、游泳池等运动设施，有棋牌室、会所等休闲娱乐场所，以及地下停车场、下沉式花园等。但是房龄较高的二手房显然在这些方面是比较落后的。有些销售人员在客户提出这种异议时，往往采取一些错误的对话方式，如图7-2所示。

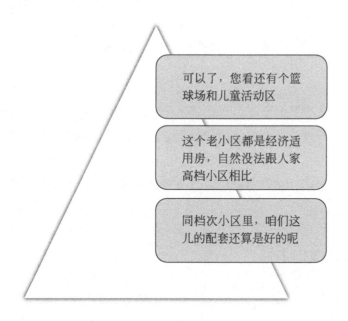

图7-2 应对配套异议的错误对话方式

这些错误的应对方式对客户来说是丝毫没有说服力的，相反，客户本来可能只是随口抱怨，其实并不在意。但经销售人员这么说之后，客户的自尊心受到伤害，也不愿意重新考虑购买这个小区的住房了。那么，销售人员如何说才对呢？

其实很多客户在选择二手房的时候，也已经接受了某些老小区配套不足或配套设施陈旧的问题。但他们会从自身利益出发，提出异议可能只是自己讨价还价的筹码。销售人员在应对这个异议的时候，要承认客户所说的确是事实，但也要表明小区的定位不同，相应配套就会有些差异。

正确对话方式：

咱们这个小区最初定位是普通经济型住宅，开发商节约了配套设施的成本，注重的是房屋的建筑质量，为购房人节约了成本，所以在同等规模的小区里，咱这里价格占了点优势。不过，虽然咱这个小区活动场所不大，但是距离附近500米左右就有一个公园，小区的人经常去那边晨练散步，也很不错！

7.3 异议三：房子位置太偏，不繁华

小王负责的二手房源位于本市东面郊区。房子的确是好房子，当年也是数一数二的开发商开发的，小区的房屋质量、户型设计、绿化布局以及小区的配套就是放在未来几年，都属于超前的。但因为小区的地段原因，小王带很多客户看完房子之后，客户都会提出这个异议。那么小王如何应对客户异议，才能促成交易？

【应对分析及技巧】

李嘉诚曾有一个著名论断："决定房地产价值的因素，第一是地段，第二是地段，第三还是地段。"多年以来，这个论断已经成为房地产的流行语。客户在买房的时候，无论是自住还是投资，也都喜欢将地段因素放在首位。地段因素是客户看房时最先感受到的因素，也是最容易引发客户异议的因素。面对客户提出的地段异议，有些销售人员可能会这么说，如图7-3所示。

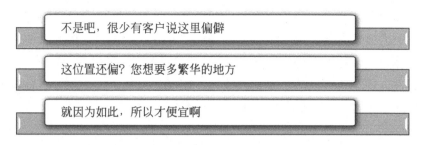

图7-3 应对地段异议的错误对话方式

这三种对话方式中，第一种方式，极力否认客户的说法，反倒有责怪客户挑剔的意思，会引起客户不满；第二种方式，有讽刺的味道，客户会觉得销售人员没礼貌，即便真的买这个小区的房子，可能也会选择别的销售人员；第三种方式，虽然承认了这一缺陷，但却因为表达方式不好，很难说服客户。

那么，面对客户提出地段异议的时候，销售人员该如何正确处理呢？如果房源位置确实偏僻，周边又比较冷清，当客户提出这个异议时，销售人员不要去掩饰，不要编造一些不存在的优点，更不要直接承认这一点。这样地段劣势反而会在客户心里被放大。

销售人员不妨抓住房源的优点，并对此进行详细阐述，以此来弥补房源的不足。但是在阐述的时候要讲究一定的技巧，如图7-4所示。

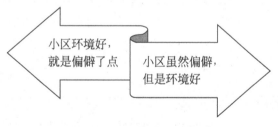

图7-4 两种话术的对比

我们比较这两种说法会发现：第一句先说优点后说缺点，而第二句是先说缺点后说优点。心理学家认为，人们更容易注意到"但是"后面的内容，并且先说缺点再说优点，缺点就会被缩小。因此，第二种表达方式更容易让客户接受。我们在回答客户的地段异议时，在表达方式上需注意使用第二种。

正确对话方式：

您说的没错，这个位置偏了点，但它环境太好了。这个小区住的大部分是附近区政府的人员，素质很高。小区在绿化、配套方面也是相当讲究。绿化率达到百分之六十，等于每天生活在氧吧里。现在市里的楼盘恐怕是达不到这个标准的。小区内还有儿童游乐场、篮球场、健身房等，下班了，一家人一起在这花园小区随便走走，都是一种享受。另外，大型超市已经开始入驻了，附近还有一个大商场在建设。

7.4 异议四：小区配套不错，周边差

小刘带着客户看某著名开发商的房子。该小区是2012年竣工入住的，开发商是央企大牌，小区环境优雅，绿化率在60%，客户在看房的时候，经过几处园林，有掩饰不住的惊喜。该小区各种配套都相当不错，小区底商有大型药房、大型超市，还有麦当劳、庆丰包子等餐饮配套。小区里有三所幼儿园，附近有两所小学。客户看了三套房子后，都不愿意离开，直言小区环境太好，堪比花园。可是，当小刘邀请客户回店内谈房子时，客户却提出了这样的异议：小区配套确实不错，但是周边太差了！

【应对分析及技巧】

在大城市土地供应紧张的当下，很多大牌开发商开发的楼盘多在郊区。一般来说，郊区楼盘的市政配套都相对落后一些，尤其是有些小区旁边因为没有规划而显得很差，这是一个不可避免的缺陷。针对这个问题，销售人员多是这样应对，如图7-5所示。

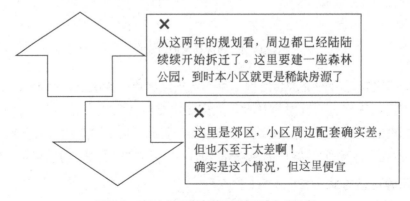

图7-5 应对小区配套的两种对话方式比较

我们这里列举了两种错误应对方式。一般新入行的房产销售人员容易犯这样的错误。前者的回答并没有解释客户的异议，反而更强调了这个缺陷，根本无法说服客户。后者虽然陈述的是事实，但是在客户听来，自己好像成了一个只求便宜不求质量的人，这样的说辞使客户很反感。

而正确的应对方式中，用未来规划来给客户描绘一幅未来蓝图，进而达到化解客户异议的目的。销售人员在使用这种描述法时，描述得越具体，越能给客户以丰富的想象空间，化解异议的效果就越好。

这种正确的应对方式，其实就是典型的负正分析法。逻辑分析顺序如图7-6所示。

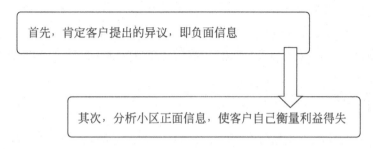

图7-6　负正分析法逻辑顺序

我们以上面案例来说，销售人员在用负正分析法时，要先肯定客户提出的异议确实是存在的，接着开始从一些正面信息来引导客户。销售人员可以这样来说：

正确对话方式1：

您放心，虽然小区周边差了点，但这种情况是暂时的。这边区域属于新城规划区，新闻上都有过这类报道。未来五年里，边上的建筑都会拆掉重建，这里将建一座森林公园，那时候，这小区更是天然氧吧。到时候，就远远不止这个价位了。

正确对话方式2：

您说得确实对。我上次听您说，您买这里的房子是为了投资。您最看重的就是房子未来的升值空间。这里马上要进行大范围拆迁，根据规划，要建一座森林公园，天然氧吧啊。现在这里房价才2万元，到时候恐怕3万元都不止。瞧，您这一转手，就赚大了。

7.5 异议五：户型不是太大就是太小，不尽如人意

入行不久的房产销售人员强子遇到这样两个问题：客户一来就说要换房子，买大户型。可是在他带客户看完房子后，客户却说户型太大了。原因是这些房子多是130～150平方米。他又和客户约定了下次看房时间，结果发现这个客户并没有来，而是在另外的销售人员手里买了这样面积的房子。

还有一个客户是刚需，想买一套房子作为婚房。客户手头不宽裕，强子就带客户看一些面积在50～80平方米的房子。可客户不满意，觉得户型太小。其实客户的预算只能买这种面积的房子。

这两个客户其实购房意愿还是很强烈的，面对这样的客户，如何摆平呢？

【应对分析及技巧】

我们先来看看一些销售过程中经常犯的错误解说，如图7-7所示。

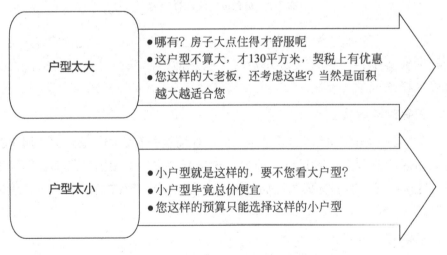

图7-7　应对户型异议的错误对话术

造成这些错误解说的原因是，销售人员并没有站在客户的角度去思考问题，直接反驳了客户的观点，让客户觉得特别尴尬、没面子。客户即便购买意向很大，在这样的反驳中，也会考虑找别的销售人员。

客户无论是抱怨户型太大还是户型太小，销售人员都不要急着去争辩而是应该先弄清楚：客户是真的认为面积太大，还是认为户型在设计上不合理？客户认为的户型小，是面积小还是在户型设计上显得拥挤？只有找准关键点，才能有针对性地进行说服。

对于觉得房子户型大的客户，一方面，房产销售人员要向客户展示大房子给人带来的利益：空间大，分区明确，能保障隐私，家庭成员活动范围大等。另一方面，销售人员需要引导客户从更长远的角度来看待户型面积。如果当下有这样的经济实力，选择一步到位，后期就不必再为换房子奔波。而且未来房价也具有一定的不确定性，日后换房的成本是未知的。

对于觉得房子户型太小的客户，有可能是客户对具体的面积和空间概念不强，往往会将60平方米的房子想象成80平方米的样子。因此，看到60平方米的房子的实际使用面积后，就有些落差。对于这些客户，销售人员并不需要纠正客户的观念，而是应该让他们认识到小户型如果在装修上下点功夫，就能以小博大，在视觉和使用功能上达到一个性价比比较高的效果。销售人员还可以向客户灌输"小户型是过渡住宅"的概念，以后经济方面改善了，二次置业可以购买大户型，这样就能减轻现在的经济负担，使得有更多的闲钱去创业或去充电。

举例来说，对于客户关于户型太大或太小的异议，我们可以这样进行对话：

正确对话方式1：

杨总，这套房子实际使用面积是115平方米，户型很方正，布局合理，所以看起来显大。您一家三口，您和爱人一间主卧，孩子一间次卧，另一间次卧作为书房蛮好。客厅面积很大，非常敞亮，客人来了会觉得很舒心。

过几年孩子大了，这户型刚刚好。您现在的经济实力完全可以负担得起这套宽敞豁亮的大房子，以后也不必为了换房子奔波。再说了，房子的行情说不准，过几年换房成本说不定也会高很多。

正确对话方式2：

我很理解您的感受，我接触过很多客户在一开始都有您这样的想法。但是买下来，经过一些装修上的设计后，他们都非常满意，觉得买得超值。

这种小户型的装修设计也不复杂，可以把客厅和餐厅中间这道墙打通，摆放家具时，不需太大，尽可能美观个性，可节约不少空间。

非常推荐你们这些年轻人买这种户型,它作为过渡住房,能极大缓解当下的经济压力,使您有更多精力投入工作中,不至于被房贷压力压得喘不过气。过几年经济上改善了,完全可以再换一套大房子。

7.6 异议六:楼层高了或低了,不合适

胡楠楠遇到这样两个客户。第一个客户说自己想买二居室,并且说只想在××小区买房,但预算是200万元,每平方米也不能超过2万元。胡楠楠依照客户的预算,为客户寻找到几处合适的房源。可是,这天带客户看房着实累坏了。这个小区是2002年的老小区,没电梯,最高楼层为6层。而顶层也确实最符合客户的要求范围,但客户看过之后,直说楼层太高了,上楼费劲。

另一个客户则是希望在有电梯的另一个小区买房,也说了单价不能超过2万元、预算有限的问题。胡楠楠发现这个小区只有低层是这个价位,因为小区盖得早,楼间距小,层数高,低层阳光不充足。可是客户不愿意,他看过房子后,连连抱怨楼层太低了。

面对这样两个客户,胡楠楠三言两语就让他们痛痛快快交了定金,她是怎么做到的?

【应对分析及技巧】

很多二手房房源都是板楼,没有电梯,楼层高了,尤其是顶层六层,上楼比较费劲。而楼层低了也未必好,在一些配有电梯的高层中,如果楼间距小、楼层低的话,则意味着见到阳光的机会少之又少。但也正是因为这些缺陷,二手房源中不乏此类房子。客户提出这样的异议也很正常,销售人员在应对的时候,可能会不经意犯这样的错误,如图7-8所示。

这样的应对方式错就错在虽然说的是实话,但表达方式错了。这种应对表达方式并没有为客户着想,给客户的直观感受就是"你不能要求太高"。极容易导致客户对销售人员产生不满,进而终止合作。

1. 一分钱一分货，正是楼层高又没电梯才这个价位

2. 不高不高，这个高度用不着电梯

3. 那你选择塔楼就不会出现这个问题，价格还便宜

图 7-8　应对楼层异议的错误对话术

客户的需求是有一定差异的。当客户提出"楼层高，没电梯"或"楼层低，不见阳光"等异议后，销售人员不要掩盖这种缺陷，也不要去辩解，而是要引导客户自己双向思考：房子有缺陷，但也有不少有利于自己的方面。其实，在带客户看房之前，销售人员最好能提前给客户"打预防针"，告诉他房子的优势和劣势。这样客户看房子时，心理期待值就不会太高，也不容易出现异议。

正确对话方式 1：

确实是高了点。但是楼层高了，空气流通，室内湿度小，而且视野开阔，采光通风好，每天都是满满的阳光，您每天走走楼梯就当锻炼身体啦。虽然没有电梯是有点不方便，但是相对电梯房，这里就是价格洼地。您看旁边那个小区，每平方米比咱这儿高出了 6000 元，公摊面积大，物业还贵。

正确对话方式 2：

楼层低虽然光照差点，但是安全性高啊。您看迪拜那些大高楼，一旦停电、电梯出问题或发生点意外，诸如火灾、地震等，那是多么危险的事情啊。您看新闻了吗？前不久，A 城某小区电梯不合格屡遭起诉，那里的居民天天爬楼梯，还有个居民每天要爬到 30 层，这滋味得多难受。家里有老人和小孩，安全因素是第一位的。另外，这低楼层，出行不知有多方便呢！

第8章

突围价格谈判，用价值赢得客户

房产销售人员在买卖双方的价格谈判中扮演着"和事佬"的角色，在清楚业主的价格下限和客户的价格上限的基础上，努力平衡两者之间的差异和矛盾，促成交易。销售人员如果在买卖双方谈判前就做足准备工作，运用一定的方式和技巧处理好与买卖双方的价格谈判，那么，就能突围价格谈判，迅速把握买卖双方的成交时机，用价值赢得客户。

8.1 价格谈判时的准备工作和要点

凡事预则立，不预则废。价格谈判中，销售人员如果能在谈判时明确谈判的目的、方法、步骤、要点等，做足准备工作，就很容易在价格谈判中处于有利位置，有更多的话语权。

8.1.1 价格谈判时的准备工作

销售人员在进行价格谈判前，应事前做足一些准备工作，内容如下：
① 业主的价格最好先确定下来。
② 对于买卖双方的价位以及双方价位差额提前做出设定。
③ 确定主要谈判的销售人员以及销售助理。
④ 清理现场的一些资料和广告等，布置绿植，使得会议室干净、整洁、美观，使人心情愉悦。
⑤ 拥有掌控一方的主动权，让一方提前半小时到达。
⑥ 安排买卖双方以及房产销售人员座位。
⑦ 告知买卖双方的房源、客户的稀缺性信息。
⑧ 在见面之前，销售人员需向买卖双方表明：此次双方见面透明公开化，双方都很有诚意，双方一定能谈成。
⑨ 见了面之后先寒暄，介绍买卖双方。
⑩ 切入主题，提出初步价位。
⑪ 双方进入价格谈判，销售人员需要拉开一方，做中立者，说服双方，适当让价、调价，倾向于弱的一方。
⑫ 当双方价格达成一致时，拿出定金合同或收据。
⑬ 尽快填写合同或收据。
⑭ 送走买卖双方，反思此次谈判中的优点和不足之处，并及时改进。

销售人员在整个价格谈判中，应遵从这样一些原则：平等、互惠互利、相互尊重、公平公正等。销售人员不应虚假议价或还价，应正面声明所得利益。尽可能为业主和客户提供参考数据，不可盲目压低业主的价格，也不可盲目抬高客户的价格。任何关于房屋买卖价格的说法都口说无凭，最后要以合同的形式进行落实。

8.1.2 价格谈判时的注意事项

销售人员要想推动价格谈判的成功进行，那么在价格谈判过程中，要注意一些细节，这些细节包括：

① 先确认交易条件，例如配套设施、付款方式、交房时间等，这些条件确定后再谈价格。

② 即便价格谈判很艰难，也不要以降低中介费来冲抵，这很容易影响销售和店面的口碑和业绩。

③ 尽量安排一位业主对应一位客户。如果谈判中客户多，业主会有房源热销或者自己要价要低了的错觉。

④ 要强调销售需向双方收取中介费。

⑤ 如果在谈判过程中，业主发怒，不接受价位，那么就不要继续穷追猛打，建议他暂时别卖，以建立彼此的信任感。

⑥ 在价格谈判过程中，无论是对业主一方，还是对客户一方，均使用"我们"的称谓，让买卖双方都觉得你是在为他们着想。

⑦ 多听少说，多看业主和客户的反应，并根据他们的反应采取不同的话术。

⑧ 在谈判过程中，如果彼此条件接近，不妨采取二分之一法则，双方各退一步取中间值。

⑨ 不要在谈判中加入个人对行情的看法，客户的出价才是真正的行情。

⑩ 让客户和业主感受到你的工作态度很踏实，也很真诚。

⑪ 谈判时，至少抓牢一方。

⑫ 销售人员要有适当的坚持。

⑬ 销售人员要把握谈判的节奏和气氛，坚持三方相互理解和尊重的原则。

⑭ 销售人员不可放任买卖双方任意一方长时间谈论与签约无关的话题。

⑮ 放价一定要放到最后环节。

⑯ 销售人员要将谈判的节奏掌握在自己手上。

⑰ 谈判时，适时展现销售人员在买卖双方交易过程中的辛苦付出。

⑱ 如果买卖双方都很坚持自己的意见，不妨先进行冷处理，岔开话题或

先说说房子的其他优点。

⑲ 销售人员需要有足够的信心和底气，表现得很专业，不要被业主和客户的气势所压倒。

⑳ 没有把握的情况下，不要给买卖双方任何承诺。

8.2 确定业主的下限，摸清客户的上限

"知己知彼，百战不殆"，销售人员在与买卖双方进行价格周旋时，越是清楚地知道买卖双方心理价位底线，越是能迅速把握时机来促单。那么，销售人员如何正确得知业主的价位下限和客户的价位上限呢？

8.2.1 如何确定业主的价位下限

"房子看好了，价格谈不好"，业主的底价与客户的出价之间总是有差距，这是销售人员经常遇到的问题。其实，如果销售人员在带客户看楼之前或者说更早的时候，在登记房源这个环节，就已经大致了解业主的底价，那么在接下去带客户看房、给客户报价时也就更能从容把握谈判流程了。这里给大家介绍两种探知业主价位下限的方法，如图8-1所示。

| 多问业主问题，探知底价 | 用"假设法"套知业主底价 |

图8-1 探知业主价位下限的方法

（1）多问业主问题，探知底价

一般来说，销售人员在业主登记房源时就可以向业主询问底价了。这种情况下，多半业主都会给出销售人员一个底价。但这个底价未必是真正的底价。销售人员可以多问业主几个"为什么"来从这个底价的基础上探知真实底价。比如：你可以和业主聊一聊当下的行情和一些成交的个案。然后问业主为什么觉得这个底价是合适的。在业主回答的时候，要注意根据他的表情、语气、说话内容来进行判断。

(2) 用"假设法"套知业主底价

你也可以用"假设"法来套业主的底价。你可以这样设问:"假如我有个客户出价比您给出的底价要略低一些,您可以收他的定金的话,可不可以打电话找您看房?"此时,如果业主的回答是肯定的,那么它的底价可以下浮一点。如果业主的回答是坚决否定的,那么他所说的基本上就是他的真实底价了。

8.2.2 如何确定客户的价位上限

(1) 假装很吃惊来探知价位上限

客户一开始砍价的时候,一般多是试探性的,并不是他真正的价格上限。此时,销售可以假装大吃一惊,"不是吧,这个价钱在这个地段买房?"客户看到销售很惊讶、很意外之后,通常会认为自己给价给低了,会做出一些让步。此时的价格才更接近他的心理价位上限。

(2) 使用感知、感受、发现法来探知上限

如果想感知到客户真实的价位上限,或者让客户主动说出真实的价位上限,那么你必须表现出足够的诚意,使客户充分信任你。你可以使用感知、感受、发现法来探知客户价位上限,如图8-2所示。

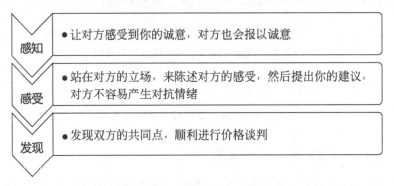

图8-2 使用感知、感受、发现法来探知上限

比如,客户说出一个价格上限后,为了探知其真实的价格上限,你可以说:"×女士,我非常理解您的想法,一般客户选房子,无非三件事:房子品质、房子配套、房子价格。您看,很少有完全能够满足任何人任何需求的房子。就像路虎的车不可能卖出自行车的价格。如果您多投资一点,就能得

到更超值的房子,是不是也挺值的?"当客户感受到你的真诚之后,经过思考,他可能会说出他真实的价格上限。

(3)动用团队协作能力

故意装作和同事商量价格问题。只要客户提出自己的价格,同事就见缝插针,发表自己的看法:"怎么能这么优惠呢,看你怎么和人家业主谈。上次那个客户的教训,你不记得了?小心你这次被扣工资!"当客户听到销售人员和同事之间的对话后,会自然而然感觉到不会有太多的砍价空间,也就会不知不觉说出自己真实的心理价格上限。

8.3 "坦白"谈价法让价格低开高走

在二手房市场交易中,一般来说,买卖双方都是个人,因此买卖双方在议价时,会有比较大的弹性空间。但是实际交易中,也经常会出现买卖双方对价格互不让步、僵持不下的情况。卖家坚持自己的底价,买家则希望价格能再稍微降一些。这时候,作为中介的销售人员,不妨使用"坦白"谈价法,协调双方价格争议,促使双方成交。

买卖双方一般不会轻易在对方面前说出心里话,当然,如果买卖双方因价格问题僵持不下时,双方如有一方采取"坦白"的方式,向对方表达出自己的真实状况,这时候对方往往会退让一步,交易因此也能顺利进行。

"坦白"议价法不单单是一种摊牌策略,也是扩大买卖双方议价空间的好方法。但是需要注意,销售人员在使用这种方法来促使买卖双方成交时,需要满足两个条件,如图8-3所示。

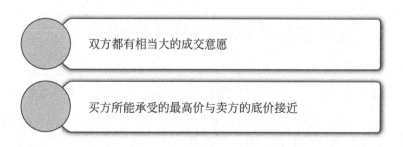

图8-3 使用"坦白"议价法的前提条件

我们举例来说，买方出价200万元，且最高也是这个价位。卖方的底价是206万元。双方在价格上相差6万元。在当前房产行情下，双方都有强烈的成交意愿，且价位相差不多，这种情况下，销售人员只要在买方面前使用坦白法，说说卖方的难处，而在卖方面前再说说买方的难处，就能顺利促使双方交易的完成。当然，销售人员也可以鼓励双方在进行价格谈判时，彼此开诚布公，双方任意一方使用坦白法，几乎都能达到较好的效果。

销售人员刘华带一位中年妇女看一套一层的两居室。南北朝向，南面有大飘窗，还带一个小花园。这位客户特别喜欢这房子，急问价格。刘华报价170万元。客户显得非常失落。她跟刘华说，自己仅有150万元。这是上个月卖掉旧房子的钱再加上这些年的积蓄，这也是她所有的钱了。刘华知道业主的底价其实是160万元，于是，告诉她实情。她反应平淡，说想亲自和业主谈谈。

于是，刘华就约业主第二天复看。这次，这位中年女子就和业主聊上了。她完全不聊房子的事，先是拉家常，然后又聊到工作和家庭。她的坦白式议价法上场了。她告诉业主，自己目前生活状况比较拮据。自己需要照顾年事很高的双亲，所以买一楼。自己还有两个上大学的孩子。自己和丈夫工作都不稳定，且工资都不高……一边说，还落了泪。结果，业主竟然奇迹般地降了10万元，这样这位中年女子以150万元买下了这套房子。

坦白式议价法虽然能促使买卖双方成交，但是在买家和卖家使用坦白议价法时，销售人员需要审慎处理，小心识别，谨防这种坦白演变成一种欺骗对方的手段。也因此，销售人员在协助买卖双方进行价格谈判时，对于一些无意义或违背事实根据的"坦白"，要坚决喊停，尽量保持一种中立、公正、公平的立场。

8.4 站在客户的角度进行认同谈判

唐朝的一个围棋名手曾创立"围棋十诀"，其中一诀是"势孤取和"，意思就是自己一方明显处于劣势，无法与对方抗衡时，最好先和对方和解，先去顺从，宁可屈身等待时机，也不要彼此发生正面冲突。

房产销售人员在与客户进行价格谈判时也是这个道理。在双方进行价格谈判时，客户往往会处于强势地位，大有这样的气势："我才是价格的决定者，无论是卖房子还是买房子，都是我说了算。"如果对方明显处于强势地位，并且在气势上处处压制你，你最好不要与他陷入争辩，如果与之发生争执，那么成交的可能性就是零。不如先顺着他的意思来，等他心情缓和时，再伺机而动。销售人员必须站在客户的立场上，进行认同谈判，才能使得双方最终在价格上达成一致。这里为大家提供三种认同谈判的方法。

（1）站在客户立场上，运用4C理论来说服客户

在20世纪90年代，美国营销专家朋特教授提出了一种理论——4C理论，如图8-4所示。

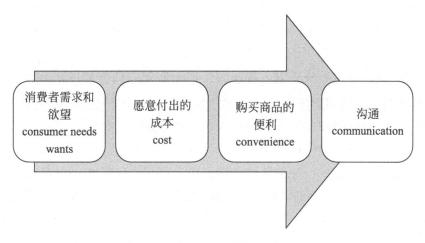

图8-4　4C理论

4C理论强调，销售人员应该将追求客户满意度放在第一位；其次是努力降低客户的购买成本；然后站在客户角度，充分注意到客户购买过程中的便利性；最后以客户为中心实施有效的营销沟通。

房产销售人员在和客户进行价格谈判时，要多站在客户的角度，充分考虑到客户的满意度、客户的购买成本以及购买此类房产能为客户提供多大的便利性。并在谈判中让客户感受到，你和他的立场是一致的，你完全站在他的角度为他考虑，才最终选择了这样的价格。

（2）无论对方的主张是否正确，先表示赞同

客户有时候因为价格问题，甚至想和销售人员翻脸。这时候，你明明知道对方的价格主张对你不利，但是为了避免双方因情绪激动而陷入争端，你最好不去否定或反对他的主张，试着站在他的角度想问题，先认同他的想法，然后再加上你的建议，这么一来，对方的锋芒就会收敛不少。

例如，当对方已经看完房子之后，和销售人员谈价格，觉得谈不下来之后这样说："我知道目前这个价位已经是低价了，但考虑到目前资金紧张也只好作罢。"

销售人员可以这样回答："我了解您的难处，如果我是您也会这么想。正因为如此，我才会提议您最好现在咬咬牙买下来。要知道，咱们目前这个年龄，工资很难增长了，房价从长远看，还是比咱们工资涨幅大。您现在买了，以后不操心房子的事，工作起来反而更有动力呢。"

先和对方站在一条战线上，同意对方的看法，如此一来，对方对你的戒备心就能够消除，然后对你提出的建议，对方如果觉得在理的话，就会认真考虑。

（3）在价格谈判快要陷入争执时，用一些无关的信息岔开话题

如果双方的交谈氛围不太好，对方甚至对你展开了强烈的问题攻势，彼此矛盾几乎是一触即发，而你在这场谈判中丝毫不占优势，这时候，你可以投入一个完全无关的信息中，大家的注意力会暂时转向这个方向，不良气氛开始降温。比如，房主觉得价格不能再低了，如果购房人准备继续讲价，此时价格谈判几乎陷于僵局。如果你冷不丁地提出一个游离于话题之外的问题或话题以控制住对方的攻击力。比如问他"对不起，你刚才说什么来着？""哦，听说最近股市不太稳？"如此一来，对方的思维就很容易被打断，甚至忘了自己讲到哪里，他的语言攻势自然会弱一些。

8.5 偶尔不按常理出牌，反而掌握主动权

销售人员在和客户进行议价时，可能遇到过这样的情况：客户有时候要求有点过分。比如自己费尽口舌和业主谈好的价格，但客户说不买就不想买了；诸如客户要求让房主先过户再成交，客户无论如何都不相信销售人员，害怕自己遇到黑中介等。这些情况下，有时候销售人员就是费尽口舌都无济于事，怎么办？不如偶尔不按常理出牌，反而更能掌握主动权。

销售人员在谈判中如何做到不按常理出牌，以此变被动为主动、掌握谈

判话语权？在此为大家提供四点建议，如图8-5所示。

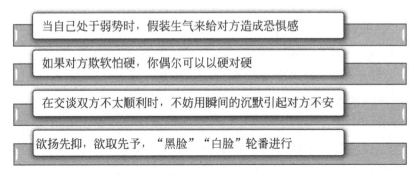

图8-5 掌握谈话话语权的四点建议

（1）当自己处于弱势时，假装生气来给对方造成恐惧感

谈判双方谁都希望对方能够接受自己的条件，能够被自己的想法所左右。当一方处于强势时，另一方就会感到恐惧，在这种感觉的引导下，他会乖乖地同意对方的要求。这样的话，谈判的局势会完全被对方掌控。

如果在感到被压迫时，假装出生气的样子给对方看，就等于给对方灌输了一种"那个人生气的话是很可怕的"的恐惧感，他就不敢再从气势上压迫你。

荷兰阿姆斯特丹大学的心理学者哥本邦克利通过一个实验来验证了这点。他让实验者进行商业谈判。他们分别扮演手机的"卖主"和"买主"。双方谈判的内容包括手机价格、保修期、服务期等项。然后他将扮演买主的实验者分为两种类型：一种是始终保持友好态度的买主，另一种是在双方快成交的时候假装生气的买主。

实验结果显示，这些扮演买主的实验对象中，那些"生气的买主"更能使谈判向着对自己有利的方向发展。而当卖方面对"不生气的买主"时，会提出很多对其不利的价格因素或不提供相应的优惠，也不提供保障服务。这个实验所证明的道理，在现实生活中也同样适用。

（2）如果对方欺软怕硬，你偶尔可以以硬对硬

常言道，柿子只挑软的捏。欺软怕硬是人们的一种普遍心理。谈判的双方也不例外，占优势的一方往往从一开始就打算用各种苛刻的条件来迫使弱势的一方妥协接受，甚至他们还会用一些手段来威胁弱势的一方。倘若对方粗俗、不讲道理、傲气冲天，你也大可不必为了与之建立友好关系而选择不断妥协退让。相反,如果你丝毫不妥协,坚持自己的做事原则,维护自身利益,对方的嚣张气焰反而容易熄灭。

(3) 在交谈双方不太顺利时,不妨用瞬间的沉默引起对方不安

当双方谈判进行不顺利时,你先别去按照常理思维。不妨来个瞬间沉默,让自己的心情归零,重新拟定战略,这样会引起对方的不安,等到对方不安达到最高点时,也就是心理防线最弱的时候,你再继续和对方讨论下去。这样有利于你在之后的谈判中处于主动地位。这个技巧并不是适用于任何谈判的,但是当你面对那些经常表现出毫不在意或注意力不集中的谈判对手时,这将是一种有效的攻心术。

(4) 欲扬先抑,欲取先予,"黑脸""白脸"轮番进行

如果很难和客户在谈判中取得一致,那么也可以采用欲扬先抑的"黑脸""白脸"轮番谈判术。这种谈判方式需要销售和自己的同事密切配合,如果看谈判形势不利,就可以使用手势暗示同事,开始一个唱黑脸,一个唱白脸。当你拍桌子发怒,提出一些过分要求或说出一些过分的话时,同事则扮演着"和事佬"的角色,极力安抚客户,并站在客户立场上与你针锋相对。如此,客户反而会非常小心,不会轻易砍价。

8.6 适当使用"同情心"法则,促成价格谈判

如今互联网时代,许多超级营销惯用的手法中,最为典型的就是博取网民的"同情心"。话说为什么这招屡试不鲜,且每次都能轻易获得极好的营销效果?这是因为同情心是人的天性之一。其实,在房产营销中,销售人员也可适当且正确地使用"同情心"法则,以此来促使买卖双方在价格上达成一致。

8.6.1 "同情心"法则使用须知

人们往往对比自己强的人有戒心或竞争心理,而对比自己弱小的人却容易产生同情心,对他们没有戒备、防备,而且容易被他们打动。同情心可以说是每个人心灵里最柔软的地方,再强势的人也不例外。如果能够调动对方

的同情心，直击其薄弱的地方，说一些增加对方心理负担的话，那么，对方就不忍拒绝你，相反还会千方百计帮助你。

在美国，有位年轻人在等地铁的时候不小心摔倒，落到铁轨上，恰巧地铁飞驰而来，万幸的是，他保住了一条性命，但是从此失去了一双手。

不久后，这个年轻人向铁路公司提出控诉，但不论是地方法院还是最高法院的审判，都认为这个问题是由他自己造成的，责任并不在地铁部门。为此，这个年轻人郁郁寡欢，几近绝望。

最后判决的日子到了，年轻人几乎是不抱什么希望了。但就是在最后一场辩论中，年轻人的辩护律师的一席说辞帮少年赢了这场官司。法院竟宣判这个年轻人胜诉，而且全体陪审员也一致赞同。

当时这位律师说了这样一句话："昨天我看到他用餐时，直接用舌头去舔盘子里的食物，我心里非常难过，甚至流下了眼泪。"这句话使陪审团的判决峰回路转。

人心都是肉长的，人毕竟是一种感情动物，即使有充足的理由，也比不上一个令人动容的事实。感情有时候会战胜理智，更能诱导反对者变成支持者。

房产销售人员与客户沟通谈价格时，也可以适当正确地使用"同情心"法则来说服客户。倘若对方在理智上不能接受，不妨从感情入手，让对方不知不觉赞同你的想法和决策。不管对方对你的成见有多深，只要你通过一定的努力在情感上打动对方，他就会站在你的角度去考虑问题，他就容易被你说服。

这招最适用于年老的客户或女性客户。因为老人和女人是最富有同情心的。所以，你如果想要说服他们，最好的办法就是激发对方的同情心，然后他们就不知不觉对你说"是"了。

而对于那些并不具有同情心的客户，同情心对他来说就如同钻石般宝贵，你纵然使出浑身解数，也难以让他掏出一丁点儿钻石。这时候同情心就难以派上用场了。

8.6.2 "同情心"法则在价格谈判中的应用举例

"同情心"是人性的闪光点，同时也是人性的弱点。我们不能滥用它，而是要正确地去用同情心来达到目的。我们举例来说：

销售人员小李带客户看房，客户看上了一套一层小三居，但这套房子的业主在报价时相当强硬，直接告诉购房者，最低价位260万元，少一分都不行。无论小李如何跟业主商量，业主都不愿意降低价格，谈判很不顺利。

小李也无能为力。他了解到购房客户家里的一些情况：客户家里老人在老家，双亲都有病，年迈无人照顾。前不久，客户的父亲刚做了心脏搭桥手术，住了一个月院。因此，客户想把自己原来的一居室卖掉，换一处大一点的房子。这样一来，可以把父母接过来一起住，又不会因为居住地方太小而生矛盾。客户之所以相中这套房子，一则是楼层低，有小花园，方便年迈的父母行动；二则是房子面积比之前的房子大了许多，一家老小居住也更舒服。

眼看买卖不成，小李就跟业主说起了这个客户的情况。小李还特意强调，客户为了父母的病，一直非常拼命地挣钱。业主是一家企业的大老板，手里有七八套房，听小李这么一说，他觉得购房者是一个孝子，他愿意成全他的这片孝心。结果业主还主动降了十万元。客户终于买到了心仪的房子。

在这个案例中，销售人员小李用的就是"同情心"法则。但是，他在使用这一法则时是有一定规则的。他尊重了事实本身，只是给业主陈述事实。虽然也会强调某些方面，比如客户拼命挣钱为父母看病，但是并没有添油加醋欺骗业主。

8.7 价格让步才能让客户痛快成交

买二手房几乎没有不谈价的客户，而价格让步则是价格谈判中的最后一步。销售人员的这一步走对了，客户就会痛痛快快下诚意金；而如果销售人员对此没有多少经验，也缺乏必要的技巧，那么本来有意向购买房子的客户可能最后选择了在别家购买同样一套房源。那么，销售人员在价格让步时，有哪些技巧呢？

8.7.1 销售人员放价错误分析

在说让步技巧前，我们先来分析两个案例：

莉莉带着一位客户看过三次房子，第三次，客户说自己对其中一套感到满意。莉莉给的价格是150万元。客户一下子还价到120万元。业主的底价是145万元。莉莉平时就是个急性子,她快人快语,告诉客户:"业主的底价就是145万元,您这一下子还价还了30万元,这是不可能成交的。您还是再添25万元吧。"但客户咬定自己出的价位不松口,最后叹息了一番,不了了之。

莉莉的同事小李则比莉莉会说话多了。有一个客户同样看中了这套房源,且表现出很强的购买意向。小李开价155万元,客户还价到140万元。小李就很坚决地告诉客户,业主的底价是150万元,这个价位很难买到这样的房子。几轮谈判下来,客户加了三次价,最后加到145万元。小李看客户的还价已经到了业主的底价,就对客户说:"145万元虽然离业主的底价还有些差距,但是已经很接近了。这样,您先交一下定金,我同业主再谈,三天之内谈不到您的这个价位,您的定金全部退还给您。"结果客户却说:"需要回家商量",这笔交易最后也泡汤了。

这两位销售人员最后在让价这个环节,到底哪里出了问题?总结这两位销售人员在让价环节的问题,大致如图8-6所示。

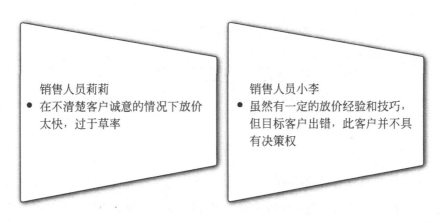

图8-6 两位销售人员让价环节存在的问题

8.7.2 销售人员放价的技巧

销售人员在与顾客买卖谈判中"放价"需要掌握火候,需要在合适的时间对合适的人放价,才能达到预期的效果。美国的谈判学家卡洛斯曾对销售人员谈判中的让步(放价)进行过实验。得出的结果是:在谈判过程中,较能控制自己让步（放价）程度的谈判者总是处于较有利的地位。卡洛斯还总结出这样一些让步（放价）结论：

① 如果买家开价较低，通常也能以较低的价格买入；

② 卖家让步太快的情况下，通常让步的幅度积累起来也大，成交价也较低；

③ 成功的谈判方要比对方做出的让步幅度小，但却要擅长渲染夸大让步的艰难性；

④ 卖家进行小幅度让步，即使在形式上让步的次数比对手多，但结果更利于己方；

⑤ 谈判双方中，在重要的问题上先让步的一方，通常最容易吃亏；

⑥ 交易的谈判进程太快，对谈判的任何一方都不利；

⑦ 谈判中不让步或者让步太大，失败的可能性都很大。

具体到房产销售中，大家不妨把握这样一些"放价"原则和技巧，如图8-7所示。

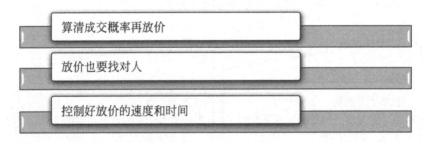

图8-7 "放价"原则和技巧

（1）算清成交概率再放价

在"放价"之前，先清楚成交的概率有多少。如果是在不能成交的情况下放价，一方面结果差强人意，另一方面，还泄露了此套房源的底价。至于如何判断客户是否有成交意愿，你可以这样进行试探：

给出一个价格，这个价格要高于业主底价，由此引出客户的价格。

第一种情况：业主底价为100万元，你开价106万元，客户还价为70万元。

客户所还价格70万元与业主的底价相差太多，没有购买的诚意。你不需要进行接下去的放价，直接告诉客户"业主少了这个价，根本不卖"。一则让对方明白，差距太大，没办法谈下去；二则生意不成，没必要泄露底价。

第二种情况：业主底价为100万元，你开价106万元，客户还价为96万元。

客户给出的价格与业主的底价相差不大，可见客户有一定的购买意愿。放价的前提是成立的。

（2）放价也要找对人

即便有购买意愿的人，在正式放价之前，还要检验一下是否找对了人。有的人的确相中了这套房子，但却没有决策权。销售人员一旦与这样的客户谈好了价格，等到客户下定金时，客户很可能说，自己做不了主，需要找家人商量。结果一家人可能都会来砍价，或者也会从此不了了之。检查是否找对了人，最直接的方法就是，在放价之前，问清楚对方是否能做主，是否需要找家人商量后再谈价，是否可以缴纳定金。

（3）控制好放价的速度和时间

销售人员在放价时，要秉持"喊价要高，让价要慢"的原则，但是喊价也不要过高，太高的话，客户会觉得你根本没有卖房子的诚意。在客户还价的过程中，如果客户还价一两次，就有很大的议价空间，那么客户就会认为自己出价高了。因此，销售人员对于客户的还价，要进行一个短暂的、适度的坚持。

销售人员还需要注意的是，在放价之前或谈判开始的阶段，一定要向对方灌输"定金"的问题，以防客户砍了半天价，最后因为定金而反悔。

第9章

每单业绩后面都有心理学策略

房产销售人员从一开始的找到客户,到最后的促成买卖双方交易,他所需要做的不仅仅是进行周密细致的计划安排,也不单单是进行专业的分析解说,更重要的是与客户进行心理上的博弈。可以说,房产销售的每单业绩后面,都有心理学的策略。作为一个成功的房产销售人员,你在房产营销时,只有洞悉客户心理,把握客户真实需求,利用客户心理特点,懂得用心理学策略,才能增加最终交易成功的筹码。

9.1 看透心理弱点，才能"对症施治"

人类一直有"万物之灵长，宇宙之精灵"的称谓。但是人的弱点也确实不少，贪婪、嫉妒、傲慢、随波逐流等。聪明的销售人员善于抓住每个人的弱点来进行营销，进而开发人的欲望和需求，完成一种双赢的营销过程。

9.1.1 不同类型客户心理弱点分析

房产销售人员从一开始找到客户直到完成交易，他所需要的不仅仅是细致的安排和周密的计划，更需要准确且深刻把握客户的心理，与客户展开一场心理战。所以从这个角度来看，房产销售只有足够了解客户的心理，找到其弱点"穴位"，才能更好地促成交易。

每个人的性格、价值观不同，也有着不同的心理弱点。我们在此列举出几种典型的客户类型，从营销的角度出发，分析其心理弱点，并给出相应的营销策略，如表9-1所列。

表9-1 客户类型与心理弱点分析

客户类型	心理弱点分析
精明型	为人处世谨慎，具有较强的分析和观察能力，注重细节，在意性价比。他们对人对事都很挑剔，不容易信任他人，比较"难缠"
内敛型	性格内向，不善言辞，为人处世谨慎小心，比较挑剔，戒备心很强。不容易接近，也不容易沟通
外向型	心直口快、自信、活泼开朗、热情、不拘小节、有主见、善于交际，但不容易接受别人的意见或建议
犹豫不决型	时间概念模糊，买东西挑剔，慢条斯理，谨慎理智，喜欢货比三家，喜欢提各种问题
力量型	争强好胜，快人快语，咄咄逼人，缺乏耐心，喜欢命令或控制别人，经常拒绝别人，不容易沟通
随和型	性格温和，态度友善，有一定的亲和力，容易沟通。但多是慢性子，做事缺乏主见，容易犹豫不决
虚荣炫耀型	希望通过自己的财富、地位、配偶、孩子、工作等外在因素来向人炫耀，满足自己的心理虚荣感。这种类型的客户喜欢听赞美的话

9.1.2 不同类型客户心理弱点营销

销售人员在分析不同类型客户心理弱点的基础上，可以针对客户的这些心理弱点进行精准营销，可达到很好的沟通效果。这里详细来说明，销售人员对不同类型客户的心理弱点如何进行营销。

（1）精明型

精明型的客户自我保护意识较强，最排斥弄虚作假，且对销售的观察也是颇为细致的。销售人员与精明型客户合作不可操之过急，并且需要表现出足够的真诚，说话办事避免浮夸，要实事求是，坦诚相待。用优质的服务与切合客户需求的优质房源，来使对方由警惕转为信任，从而更愿意与你合作。

（2）内敛型

内敛型客户习惯倾听，很少发言。但他们在倾听的时候会认真分析销售人员的一言一行。对于内敛型客户，销售人员在沟通的时候，最好采取一种娓娓道来的方式，说话要有条理，要足够专业，提供给客户的信息也尽量要多。销售人员也应适时保持沉默，给内敛型客户留出一些思考回旋的余地。销售人员切忌滔滔不绝，信口开河，这样只会使客户反感，产生抵触、对立的情绪。

（3）外向型

销售人员在同外向型客户打交道时，需要注意对客户提出的问题迅速做出反应，在介绍楼盘信息、公司信息时，尽量简洁、有条理、干脆利落。外向型客户缺乏耐心，且讨厌啰里啰唆。你需要跟上他们的思维，才能赢得他们的好感。

（4）犹豫不决型

最简单的弱点营销法是使用适度强迫的方法促单。逼单时不能太急，也不能过于慢条斯理。客户如果找借口说"再考虑考虑""和家人再商量商量"，你可以拿出提前准备好的合同："×先生，我们沟通了这么多次，也看了几次房，您也有了中意的房源，现在可以签单下定金，否则您下次来，这套房子可不一定是您的了。"说完就递给对方合同。为了万无一失，还可以按图9-1所示的方法做。

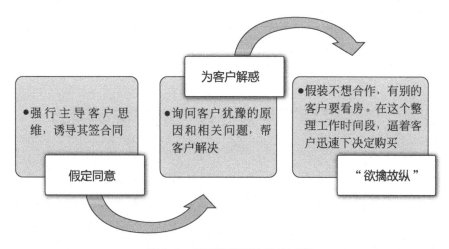

图9-1 针对犹豫不决型的对策

（5）力量型

销售人员在与力量型客户打交道时，要注意多听少说，多对他们提出的观点表示认同，多鼓励他们提出这样那样的问题，满足客户的控制欲。力量型客户也比较缺乏耐心，因此，销售人员在和他们沟通时，要注意强调价值，而不是强调细节。最后，提醒销售人员的是，在和力量型客户沟通时，注意自己的态度，要表现出足够真诚，且心平气和，让对方感受到尊重感和成就感，这样对方才更愿意与你长期合作。

（6）随和型

随和型客户性子比较慢，决策时间较长。销售人员在和他们沟通的时候，不要太过急切地推介房源，而是要配合客户的思维，慢慢引导客户，给出客户一些积极有效的建议，消除客户的疑惑，使客户了解销售人员的诚意，从而更愿意和销售人员合作。

（7）虚荣炫耀型

对于喜欢炫耀、爱慕虚荣的客户，销售人员需要耐心倾听他们的炫耀，并及时给予恰当的赞美。赞美客户是讲究一定技巧的。首先，这种赞美要适度，如果赞美太多，客户反而觉得你阿谀奉承，甚至对你产生一定的戒备心。其次，赞美客户，要发掘他"最渴望赞美的那部分"。比如客户一直在强调的内容，多半是他最渴望别人赞美的那部分。最后，赞美客户时，越具体越能打动对方的心。你不要说"很棒！""好！""不错！"这些很泛泛的语言，而是尽情说得具体一些，你可以说"您选中的这套房子真气派！""您投资的眼光很不错！"

9.2 抓住客户"从众心理"进行善意诱导

老百姓在买股票的时候，有一种买涨不买跌的心理，看到一片红，钱放在账户里不买股票都着急。买房的时候更是如此，一看到电视或网络新闻上说房子在涨价，就心里着急，还曾出现过连夜排队买房的壮观场景。但一听到房价降了或要调控了，大家的观望情绪就占了上风。

9.2.1 客户的从众心理

上述现象，就是客户典型的从众心理在作怪。所谓"从众心理"，是指自己的想法与行为由于群体的引导或压力，就偏向与多数人一致的方向变化的现象，用通俗的话说就是"随大流"。"从众心理"，几乎人人都有，且无处不在。

曾有人针对人们的从众心理，做了一项有名的实验——阿修实验。

心理学家找来9个实验者，等他们都到齐时，他将画着一条直线的卡片和一张画着3条直线的卡片并列放在一起。然后请他们回答，这个只有一条直线的卡片上的线的长度，和另一张有3条直线卡片中的哪一条线相等。其实，任何人只要看一眼，就知道这些直线没有长度相等的。

不过这9个实验者中有8个是被事先告诉要故意说错的，他们形成所谓的"群体"，而这些人故意将答案说错，再看看那个真正被实验的人如何说。

结果不出所料，那个人受到这个群体的影响，他的回答和他们一样。尽管他第一眼就看出了这些线明显不一般长，但"大家"是那样回答，所以在无意识之下，他觉得自己错了，"大家"的看法才是正确的。

相信绝大多数的人都不情愿与众为敌，房产销售人员可以利用人们的这种从众心理来进行攻心，促使客户做出下单的决定，这种销售方法就被称为从众成交法。

9.2.2 从众成交法的使用要则

在二手房销售过程中，销售人员该如何使用从众成交法才能达到预期效果？大家不妨从图9-2所示的三点来入手。

```
1.销售团队成员之间密切配合，使客户从众心理占主导
2.多人带看，制造"僧多粥少"的成交氛围
3.在销售旺季，约客户集中签约
```

图9-2 使用从众成交法的法则

（1）销售团队成员之间密切配合，使客户从众心理占主导

在二手房销售中，一般是不能买卖双方私自谈价的。如果销售人员经过努力，无法撮合买卖双方在价格上达成一致，那么销售人员可以充分利用整个团队，约买卖双方进行议价。团队中，比较老练的销售人员负责在买卖双方之间周旋，另外有两人负责端茶倒水，在销售负责人提出相关建议时，面带微笑，说些赞成之类的话语，密切配合主要负责人。一般这种情况下，买卖双方会因从众心理的影响，开始表现出同意的态度，这样说服买卖双方成交的任务就简单多了。

（2）多人带看，制造"僧多粥少"的成交氛围

房产销售人员在带顾客看房时，最好多约上一些客户，也可带上跟自己很熟的曾成功成交过的本小区的客户。这些客户会很配合地说一些本小区房子的优点，这样其余的客户就产生出"僧多粥少""好房子不等人，下手要快"的心理。有的客户甚至会当机立断做出购房的决定。

（3）在销售旺季，约客户集中签约

在一些一手楼盘销售时，开盘之前，往往会进行较长时间的"储客"准备。这样在开盘签约当天，造成销售很红火的场面，从而带动一大批客户当场拍板。做二手房销售，同样可以参照这种方法。在销售旺季，可以和几个客户约定同一个时间段过来签约买卖。大家都过来签约，因从众心理的影响，无形中就产生了一种"这家公司房产单子真多""这家公司值得信赖"的感觉，客户的疑虑减少了，就更愿意签单。

需要提醒房产销售人员的是，从众成交法虽然能给客户造成一定的紧迫

感，促使客户做决定买房。但是这种方法也有局限性，对于个性较强、喜欢表现的客户来说，可能会起到相反的作用。因此，销售人员在使用这种方法时，一定要对客户的性格有一个大致的了解。

9.3 利用逆反心理使客户"偏要买"

微信在推出4.2版本时，曾使用"逆反营销术"，在开机画面中有这样的提示：少发微信，多和朋友见见面。结果，很多人都将微信的广告截屏给朋友，被微信的情怀感动得一塌糊涂，还比以前更加钟情微信，更频繁地使用微信了。

苹果也时常使用这种营销方法。苹果通过调控产品的供应，引发供不应求的假象。比如苹果每推出一款手机，几乎都会引来大规模排队、断货等现象，即便不是真正的热销，却也能让很多人产生购买冲动。

逆反营销术就是抓住了人们的"逆反心理"，欲擒故纵，使得客户从"不买""不想买"直接过渡到"偏要买"。在售房时，销售人员如果善用客户的逆反心理，能达到很好的销售效果。

9.3.1 解读客户的逆反心理

心理学上有一种著名的效应——逆反效应。即一个人对外界的情感与行为做出负向心理反应并影响其后续行为的现象。从营销的角度来说，则是指有时某些客户对某个营销活动的刺激产生与营销目的相对或相反的情绪体验和行为倾向。也就是说，对于营销者设下的引导和预期，有着"故意对着干""反其道而行之"的逆反心理。很多营销人士反而以此为突破口，进行成功营销。

客户的营销心理表现为双向行为。如果营销对路，客户的逆反心理就会产生积极回应，这也就是所谓的"欲擒故纵"；如果使用了错误的营销方法和手段，客户的逆反心理表现为"反感"，此时营销行为无法达到预期目的。

在客户的消费行为中，导致客户产生逆反心理的原因大致有三种，如图9-3所示。

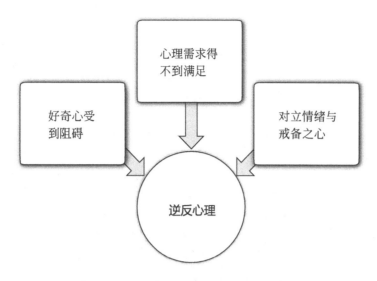

图9-3 客户逆反心理产生的三种原因

（1）好奇心受到阻碍

当客户对某套房子产生兴趣时，销售人员带看了两次房子之后，客户还觉得美中不足，好奇心使然，想看更多更好的房子。此时如果销售说："您下次过来看的时候，这套房子很可能就已经被别的客户下定金了。"客户强烈的好奇心就会受阻，导致心理逆反，立即就有了购买冲动："那好，我干脆先下手为强！"

（2）心理需求得不到满足

人们都有一种这样的心理：越是得不到的东西，就越想得到。当客户的心理需要得不到满足的时候，反而会更加刺激他强烈的需要。比如：客户看中了一套房子之后，销售人员的一个同事说："我的一个客户也看中了这套房子，不过他需要回老家办理准备资格审核方面的事情，定金也还没有缴。"客户听销售这么一说，就觉得这套房子太难得，自己最好还是尽早下定金才好。

（3）对立情绪与戒备之心

如果是销售人员苦口婆心主动向客户推介房源，销售人员越是描述房子如何如何好，因戒备心使然，客户就越觉得销售人员不可信任，房子信息不可靠。客户会因为这种对立情绪与戒备之心而选择拒绝。

具体到整个客户消费购房过程中，客户的逆反心理表现如图9-4所示。

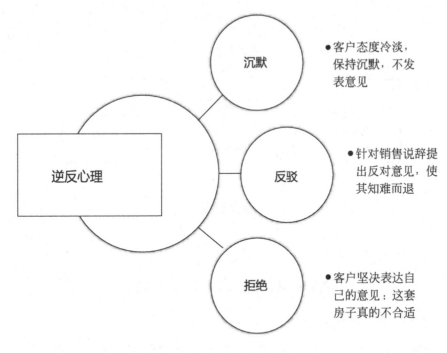

图9-4 客户逆反心理的三种表现

销售人员在和客户沟通过程中,要及时捕捉客户的逆反心理,并根据客户的心理状态,及时调整自己的销售策略,进而变逆反抗拒为接受迎合,变拒绝为成交。

9.3.2 妙用逆反心理,使客户点头说"是"

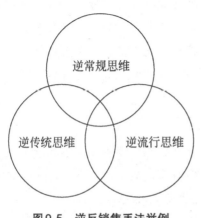

图9-5 逆反销售手法举例

客户的逆反心理是把双刃剑,它既能够促使客户对你的产品说"不",也能促使客户主动放弃成见,对你的产品说"是"。如何利用客户的逆反心理来营销,完全取决于销售人员在具体销售过程中,用什么样的思维方式或使用什么样的话术。

比较常见的逆反销售手法大致有以下三类,如图9-5所示。

这三种思维方式,简单来说,就

是跳出常规、传统、流行的范畴，用独特的视角来进行思维活动。比如，在我们一般的销售思维中是这样认为的：我所销售的商品要卖给越来越多的客户，那样我的产品和我的销售行为本身才能越来越好。但逆向思维去理解，可能会这样：我只希望将产品卖给我希望卖给的人，我的产品是有限的。逆反心理用对了，不仅能满足客户本身的逆反、好奇之心，而且能使客户获得较好的情感体验。

有一家酒店门口的一个大木桶格外醒目，木桶上写着几个很大的字"不许偷看！"但这个大木桶周围并没有什么遮挡。很多路过的人觉得非常好奇，就过去一探究竟。看了之后就哈哈大笑，忍不住去店里品尝，口感醇美，并一传十，十传百，店里的酒供不应求。那么这个木桶里藏着什么"不许偷看"的秘密呢？原来，这木桶里写着："我店有与众不同、清醇芳香的自酿酒，一年只酿10大罐，一杯30元，请君品尝。"

这家酒店就是利用了人们的"逆反心理"，使客户因"不许偷看"而产生好奇心，"不让看，偏要看"，结果在这一逆反心理的驱使下，进店品尝，反而发现这家酒店自酿酒的醇美，进而自己说服自己去购买。

销售人员在和客户交流时，也可适当利用逆反效应。但销售人员需要把握客户的真正心理需求，并对其需求进行有效刺激，使他真正的需求得不到满足。此时，客户就会越发想尽快下定金或尽快成交。

9.4 妙用"心理除法"，激发客户的购买欲

大家多有过这样的体会：在完成一项看似艰难的任务时，如果能将整个任务分解成一个个小目标，然后再逐一实现，层进式完成，那么这项看似不可能完成的任务也变得简单许多。销售人员在说服客户的时候，同样可以用到这种方法，即"心理除法"。

9.4.1 "心理除法"分解法

小孩子其实是深谙大人心理的谈判高手。小孩在和大人"谈判"的时候，经常会这样做："妈妈，能带我去郊游吗？我知道您这周是有时间的。"当大人答应之后，小孩子又会提出别的请求："爸爸，能给我点零花钱吗？

要知道去旅行是需要一些花费的。"大人一般不会拒绝孩子的这个要求。最后，孩子又会提出："妈妈，给我买一个新式多功能望远镜吧，我们同学去旅行都在用呢。何况，带着这种望远镜旅行也很酷。"

其实，小孩子很明白，如果一开始就提出自己真正的要求，即"更多的零花钱""换一个炫酷的望远镜"，可能大人们并不会答应。但用这种层进式提要求的方法，一般大人不会拒绝。小孩子用的方法就是典型的"心理除法"。

"心理除法"也叫作"目标分解法"，是指把大任务分成几个小任务。把总目标分解成若干层次的小目标。它可以分散人对总目标的注意力，而着眼于一个个容易达成的小目标，从而减轻心理压力，增强实现目标的信心，提高实现目标的效率。在使用心理除法进行目标分解时，需要注意以下要求：

① 总目标分为不同层次的分目标，分目标体现总目标，为总目标服务；

② 要注意实现各个分目标所需要的条件或限制因素，诸如时间、财力、政策、团队协作等；

③ 各个分目标在具体内容和时间需求上要平衡、协同发展；

④ 各个分目标具有简明、明确、扼要的特征，并且要有完成时限。

在使用心理除法将各个级别分目标分解时，可以参照图9-6所示的逻辑。

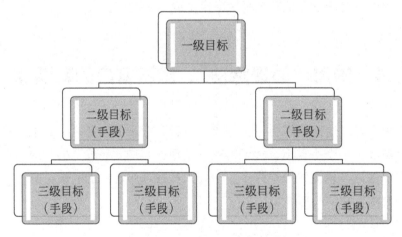

图9-6　使用心理除法分解目标的方法

将实现一级目标的手段作为二级目标进行分解，以此类推，一级一级地分解下去，从而形成一个目标（手段）链。同时，自上而下的目标体系分级，使得各个层级的目标层次感更强，更有条理。

9.4.2 "心理除法"案例分析

我们举一个简单的例子：

某个大雪纷飞的夜里，一位路人饥寒交迫，他经过一户富裕人家，想进去喝杯热茶，吃顿热饭。当他敲开门后，这家的佣人说："走开，不要打扰我们。"路人说："只要让我进去，我烤火暖暖外套就出来。"他进去之后，就请求厨师为他做一碗石头汤。厨师说："石头汤？我倒要看看如何用石头做汤。"路人拿着路上捡来的石头开始做汤。一会儿他央求厨师加点盐，一会儿又央求厨师加点豌豆、胡萝卜、西兰花。后来他说："这汤要是加点肉末就更完美了。"就这样，他吃了一碗热气腾腾的肉汤。

这位路人所用的说服技巧就是典型的"心理除法"。图解他的目标分步法如图9-7所示。

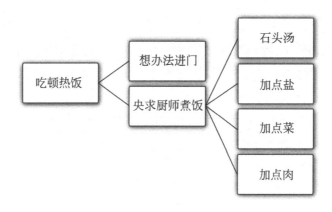

图9-7　图解案例中的"心理除法"

这位路人的做法是：先定出一个大目标，然后层层设置分目标；最后由小的分目标开始，逐渐一层层实现分目标，顺利完成最后的大目标。作为房产销售人员，在说服客户的时候，可以参照这位路人的做法。销售人员在逼客户下单时，可以采用心理除法，将大的目的分解成一层层小目标，再由小目标开始，循序渐进，层层深入，最终达成目的。我们来看房产销售中运用心理除法的一个典型案例：

销售人员：穆先生，咱们看了三套房。16层80平方米的两居室；28层100平方米带露台的三居；6层有双阳台的90平方米小三居。您更倾向于哪套？

客户：6层那套吧。

销售人员：穆先生，假如您要买这套房子，是想全款支付，还是按揭？

客户：目前银行折扣划算，当然是银行按揭了。

销售人员：假如您银行按揭，您的首付款选择付5成还是6成？

客户：首付越少越好，但我了解到现在咱们这里规定最少5成。

销售人员：假如您按揭5成，下诚意金，您会下2万元还是3万元？

客户：2万元就可以。

销售人员：好，穆先生，这是咱们的合同。

此二手房销售案例中，销售人员是想让客户下诚意金。但是这种话有时候直接说，反而使得客户反感。于是销售人员就将这个大目标进行了层层细化，让客户不知不觉跟着销售人员的思路走，直至最后成交。

9.5 营造稀缺效应来快速逼单

某客户去看一品牌开发商的楼盘，第一次有60套房子可供选择，他犹豫不决。第二次去看，有三十多套房子可供选择，他挑肥拣瘦，总感觉没有一套房子是十全十美的。第三次去看，却只剩下一套房子了，剩下的这套房子，无论是朝向、楼层还是户型，都是最差的。他却二话不说，当即下定金。这是为什么？这就要涉及"稀缺效应"法则了。

9.5.1 解读售房中的稀缺效应

鲁迅在《藤野先生》这篇文章中曾说过一句非常经典的话："大概是物以稀为贵吧。北京的白菜运往浙江，便用红头绳系住菜根，倒挂在水果店头，尊为胶菜；福建野生着的芦荟，一到北京就请进温室，且美其名曰'龙舌兰'。"

从心理学的角度来说，"物以稀为贵"其实反映了人们的一种深层心理：人们总是害怕失去或得不到，因此，人们会对稀少或罕见的物品怀有一种强烈的占有欲。我们拿茶叶来说，一棵几百年的古老茶树，每年产茶量仅10两。本地区如此古老的茶树，仅有两棵，且这两棵古茶树茶味淳厚、独特。那么，你认为这种茶叶的价钱应该是多少？有人说1000元一两，有人说太便宜，应该10000元一两，还有人说，应该10万元一两才能体现它的价值。这茶叶与其他同类茶叶相比，也并没有什么独特的功效。它的贵就贵在"稀有"。

稀缺效应的产生主要是图9-8所示两种因素的相互作用。

图9-8 稀缺效应产生的两种因素

房产销售人员也可以常利用客户的这种"物以稀为贵"的心理,营造楼市中的"稀缺效应",从而使人们恨不得马上买下某套房子。

9.5.2 营造"稀缺效应"的方法

销售人员在与客户沟通的过程中,如果能充分利用"稀缺效应",让客户觉得这套房子很"稀有",很"难得",非常抢手,那么客户就会觉得"机不可失,失不再来",就会立即下决心购买。不过,销售人员在营造"稀缺效应"时,也需要讲究一定的技巧,如图9-9所示。

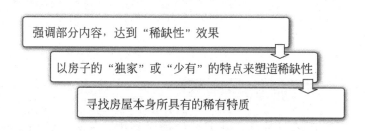

图9-9 营造"稀缺效应"的技巧

(1)强调部分内容,达到"稀缺性"效果

销售人员在给客户介绍房子时,可以只强调或介绍部分内容,给客户造成一种心理上的"错觉",觉得你所说的就是房子的"稀缺性"所在。

(2)以房子的"独家"或"少有"的特点来塑造稀缺性

销售人员要给客户塑造出房子的"独家"和"少有"的特质。比如"房子是在国际上屡次拿大奖的某国企所建筑""目前属于限时销售房源,过了节之后,房子就不是这个价格了""这边的房源是附近唯一没有被泡沫化的,未来升值空间巨大"等。这些特质都可以刺激客户的购买欲。

(3) 寻找房屋本身所具有的稀有特质

销售人员需要将此房屋与其他房屋区别开来,寻找其独一无二的特质。销售人员可以从房屋的地段、园林景观、朝向、户型、装修风格、小区配套、价格、楼层、市政设施、学校、医院等要素入手,来向客户介绍其独特之处,让客户觉得"物有所值"。

9.6 事件营销,推倒客户心理防火墙

房价连连上涨时,个别业主就动了毁约之心。"房子不卖了,大不了出违约金。"一般在这种情况下,房主就是出了违约金,客户的款项再买别的房子时也已经缩水了。怎么办?此时,很多有经验的销售人员会拿出一些新闻事件来说事,比如告诉房主这次调控力度很大,或者某地这种结构的房子因有泡沫层,起火后损失严重等。通过这些或大或小的新闻事件,房主也就没了违约心思,这桩房产交易也就轻而易举促成了。

销售人员在这里所用的就是"事件营销"法。销售人员在摸清了客户的心理之后,迅速搜寻相关新闻或事件,然后借力打力,以此来推倒客户的心理"防火墙"。

9.6.1 事件营销背后的心理学

所谓"事件营销"是指企业或公司通过利用、策划、组织具有新闻价值、社会影响以及名人效应的人物或事件,吸引媒体、社会团体和客户的眼球,以求提高企业或产品的知名度、美誉度,并使产品达到较好的销售效果。

随着互联网的飞速发展,事件营销的影响力也越来越大。如今,一些商家通过网络,就一件事或一个话题就能轻松地吸引人们的眼球,形成关注,进而及时推出产品,成功的事件营销就开始了。

在事件营销中,具有新闻传播价值的事件营销价值是最大的。而新闻价值的大小由构成这条新闻的客观事实是否适应社会某些群体需要的心理所决

定。一则成功的事件营销在心理层面应具备图9-10所示的特性。

（1）重要性

对特定群体来说，如果这件事能对他们心理上产生很大的影响，且具有一定的社会影响度，那么这件事的新闻价值就很大。作为事件营销的主题，也更容易带来膨胀式销售业绩。

（2）接近性

一般来说，人们对于曾经给自己留下美好记忆的地方，比如出生地或居住地，总是怀有特殊的依恋之情；人们很容易被那些善良、友好的事情所感动，内心充满祥和；人们也容易由一些自然灾害或不好的事情引发心理恐惧。因此，如果一些新闻事件能从某些方面，比如职业、年龄、利益等方面给予客户以一定的心理震撼，那么，它的价值就很大。

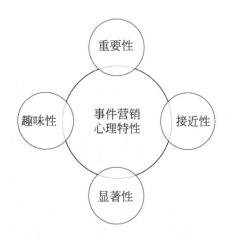

图9-10 事件营销心理特性

（3）显著性

新闻营销事件中的人物、事件、地点等越有知名度，它所带来的营销价值也就越大。比如一些国家元首、知名人士或历史名人待过的地方，还有一些历史名城、古迹遗址等，作为营销事件的载体，一般也比较有力度。

（4）趣味性

好奇心和探索欲是人们的天性。事件营销中，如果商家能在一定程度上引发人们的好奇心和探索欲，那么营销事件本身就会越发具有价值。

从更简单的角度来说，事件营销是抓住了市场客户群的特性心理，比如同情心理、审丑心理、看热闹心理、八卦心理等。事件营销与客户群的特性心理要素形成"共振"，从而引发销售中的"蝴蝶效应"。

9.6.2 合理利用事件营销的方法

我们以新浪微博的一条酬房找狗帖为例，这则被转发40万次的帖子大意是这样的：

寻狗启事

2月10日下午3点,我饲养了7年的狗狗在××地方走丢。送还者,重谢房一套(二环路,现值56万元,拆迁价过100万元)。本人所有收入合法,与酬房承诺相比,家庭成员更重要。联系电话(略),请帮转发一下,谢谢大家了。

这则事件为什么引来40万转发量,经研究,这则事件的传播人群具有这样一些特征:爱狗、养狗、有房、想买房、收入中等……博得这么大群体的关注,这绝对是一次成功的事件营销。

可以看出,事件营销中需具备这些因素:有能引起爆发的元素,叙述事件的独特方法,互动的设置,文案的到位。我们用一个公式来概括为:

事件营销成功度=内容质量×节点质量×节点数

销售人员在利用事件营销时,可以遵循图9-11所示的步骤来进行。

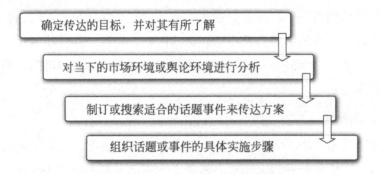

图9-11　事件营销步骤

举例来说,一位房产销售人员在售卖某小区的房子。这个小区的房子使用了聚苯乙烯泡沫材料来保温。客户与业主已经签了协议,但业主看到房价突然涨高就不淡定了,想坐地涨价,让客户在原价的基础上再多给8万元。客户当然不肯。眼看这笔买卖就要泡汤,销售人员突然想起一则旧闻,是关于一起楼房大火事故的。引起大火的原因就是聚苯乙烯泡沫燃烧。销售人员私下和业主聊天时就提到这件事,这个小区保温层也是这种材质,再加上老小区管理不规范,有一些失窃案。销售人员如此这般说了之后,业主再没提涨价的事,只希望房子顺利卖出去。

对于高明的房地产销售人员来说,"给他一点'事儿',他就能撬动客户"。事件营销就像一个高倍扩音器,帮助销售人员用更巧妙的方法赢得消费者的注意,让客户自己被自己说服。

第10章

用互联网复制销售冠军轨迹

在这个全民互联网思维的大时代,房产销售的方式已经发生了翻天覆地的变化。销售人员如果善用一些网络营销手段,诸如,直播、微信、博客、论坛、网络平台等,那么,就能完成营销跨界资源整合,轻轻松松年入百万元甚至千万元。

10.1 直播：发现月入49万元的秘密

伊尼斯在《传播的偏向》一书中写道："一种新媒介的出现，将导致一种新文明的产生。"从电视到互联网，从微博到微信，从PC到手机，每一次媒体变革都会带动新一轮的营销革命。如今，最火的营销革命莫过于直播。直播吃饭、直播上班、直播写代码……凡是你能想到的，直播都能帮你赚得盆满钵满。更重要的是，我们的房产销售也开始直播了，月入49万元都不是梦。

10.1.1 直播营销的优势

一个重庆小伙，在网上直播卖房，他对一套三室两厅的房源进行了体验式的介绍。他解说清晰透彻，直播拍摄角度很完美，从小区的周边环境，到屋内布局，客厅、阳台、起居室、餐厅、厨房、卫生间，他将房子与周围配套进行全景式呈现，并不断与网友互动问答。短短30分钟的直播，便使得两套同户型房源当月成交，小伙月入佣金49万元。

一位北京姑娘，为正在出售的几套二手房做了直播，结果客户看完直播视频后直接下单，不出半天，两套房源成功售出，姑娘也得到了十几万元佣金。

直播卖房这种营销方式为什么有这么大的影响力？我们先从直播这种营销方式说起。直播营销是指在现场随着事件的发生、发展进程同时制作和播出节目的方式，该营销活动以直播平台为载体，有助于企业或个人提升品牌，增长产品销量。二手房直播营销相对于传统的媒体广告营销来说，具有图10-1所示的优势。

（1）直播内容更具有新闻效应

直播二手房内容从本质上来说，就是在当前语境下，围绕与二手房相关的一件事或一个话题展开的传播行为，它具有很强的新闻效应，容易引来更多关注，引爆性比较强。

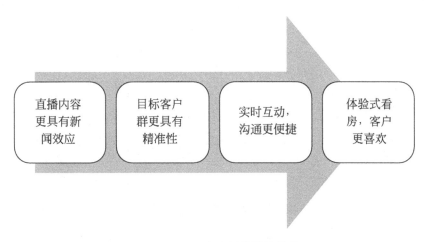

图10-1　二手房直播营销的优势

（2）目标客户群更具有精准性

观看直播视频有一定的时间限制，往往是客户在特定时间共同进入播放页面。看二手房直播的客户，有很多共同点或者共同的需求。其实从另一种角度来说，直播这种营销方式，对目标客户群进行了精准定位。

（3）实时互动，沟通更便捷

直播视频能够满足客户多元化需求，不仅仅是观看，还能一起弹幕、吐槽、献花、打赏，具有更高的互动性和立体性，有助于人们彼此之间情感层面的相互沟通交流。客户在买房、卖房方面有什么疑问也可以实现直接沟通。

（4）体验式看房，客户更喜欢

直播看房过程是完全真实的看房情景再现，因此可以说，客户直播看房其实也是一种体验式看房。这种看房模式对于客户来说，不仅形式新鲜，而且解决了很多客户工作忙无法直接看房的困扰。房产销售人员在直播时，对房源各方面的详细介绍，更是使人身临其境。这种营销方式无疑有四两拨千斤的效果。

10.1.2　直播卖房的技巧

销售人员在做二手房直播营销时，要想达到好的直播营销效果，可以参考图10-2所示的一些方法。

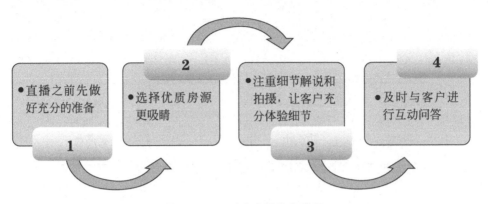

图10-2　二手房直播注意事项

（1）直播之前先做好充分的准备

销售人员在做直播前，最好做好充分的准备。首先要准备一些购房知识，对市场行情进行正确解读。从购房知识方面说，房产交易中的流程问题、贷款问题、过户或缴纳税费等，都要备足资料。在直播过程中，客户可随时向销售人员提出一些问题，销售有了充足的知识储备，就能随时与直播用户分享这些知识。

（2）选择优质房源更吸睛

房源的好坏是能够吸引网友的关键。好的房源能自然而然吸引潜在客户。比如在我们提到的小伙微信营销卖房这件事，他直播的这套房源是一个花园式的高档小区，小区里房子窗明几净，装修精致，车位充足，园林美不胜收。客户只要打开视频，就会不自觉被这样的房子所吸引，自然而然就会出现很多留言、弹幕，大家纷纷询问销售人员的联系方式。

（3）注重细节解说和拍摄，让客户充分体验细节

销售人员在直播过程中，要对房源的细节进行充分、清晰、透彻的解说，在拍摄的时候，要注意光线对环境的影响。直播拍摄角度从小区的周边环境，到屋内布局，客厅、阳台、起居室、餐厅、厨房、卫生间，将房间大小、朝向、视野、装修情况进行合理拍摄，全景式呈现。这种情况下，客户即便不去现场看房，也能得到情景式看房体验。

（4）及时与客户进行互动问答

在直播过程中，客户可能随时会向销售人员提出一些关于购房方面的问题。销售人员需要及时查看并耐心解答。对于那些对直播房源感兴趣的客户，可直接给出联系方式进行预约带看。对于平时工作太忙,很难抽出时间现场看房的客户,可使用点播看房功能,根据客户需求,约好时间进行看房直播。

10.2 微信朋友圈:营销标题价值百万元的方法

很多销售人员或身边的朋友都有过这样类似的经历:看到别人都在朋友圈做广告,动不动卖出去多少套房子,自己忍不住手痒,于是,朋友圈就变成了广告圈。但貌似朋友圈的人们对这些广告并不感兴趣。为什么同样是朋友圈营销,效果却千差万别?不过是没有把握朋友圈最基本的营销技巧罢了。

10.2.1 标题对了,价值百万元

在速读时代,人们每天接受成千上万条来自外界的信息,没有人会有充足的时间和精力对自己接收到的信息逐条阅读。人们一般使用最简单的过滤方式,就是看标题有多大吸引力。内容再好,如果标题不具有吸引力,那么,你推送的内容就可能被淹没在信息的海洋中,无人知晓。确切地说,在微信营销中,几乎人人都是标题党。那么,什么样的标题才价值百万元?图10-3列出了一些常见的风格。

图10-3 价值百万元标题的风格

（1）正话反说式标题风格

这种标题通常一反常理，与人们的思维、逻辑、价值观相悖。毋庸置疑，这种标题一下子就能吸引人的眼球。

（2）对比反差式标题风格

通过一定程度的对比，利用人们的认知平衡来激起人们的情绪，扩大传播范围。比如"看看这位92岁的姑娘，你的生活只能叫老太婆！"，这个标题中，将92岁的"姑娘"与现在二三十岁却缺乏奋斗目标和动力的年轻人对比，形成巨大反差，引起人们的点击阅读欲。

（3）名人式标题风格

用人们比较崇拜、羡慕的名人作为标题因素，是利用了人们的"名人效应"心理，会引发很高的阅读量和转发率。比如"一位富豪怒骂身边不敢买房的朋友，句句见血！""如果把门店交给李云龙打理，他应该会这样做……"

（4）干货式标题风格

标题针对某领域，直接、干脆、有料，对用户有价值或者能给用户带来很大的帮助。比如"卖房严禁自嗨！这16个错误可别犯""这是我见过的最棒的让价技巧！没有之一！！！"

（5）悬念式标题风格

用提问、设问或反问的方式制造悬念，而答案又是用户最想知道的，最能引起用户遐想的，这样的标题能一下子提高点击率。比如"让爱你的男人为你买房，会得到什么结果？""如果你楼下的中介关门了……"

（6）热点式标题风格

标题直接说出主题，主题的内容要与最新的热点事件，当前的国内、国际形势，当前所处的节气等相呼应。

不得不说的是，在微信营销中，每个标题最好只讲一件事，或一个故事。这样更适合速读时代的粉丝阅读心理需求。另外，价值百万元的标题也不是凭空写下的，也需要不断打磨和推敲。

10.2.2 微信朋友圈营销如何得心应手

利用微信朋友圈营销，最高明的境界就是让"朋友们"不会屏蔽你，反而为你带来更多的人脉。因此，销售人员在用朋友圈营销时，可以参考以下方法。

微信朋友圈可分为这样四组：亲人组、朋友组、同事组、客户组，其中，客户组又可分为潜在客户组和准客户组。

发布信息要有选择性。销售人员如果对信息毫无筛选，选择群发，这样做意义不大，一部分人甚至会屏蔽你。不妨在发布与营销相关的信息时，屏蔽亲人组。没必要天天在朋友圈打广告，频繁刷屏让人反感。

在内容上，多发一些对他人有帮助的信息，比如分享自己的看房经验，如何检验房子的质量问题，买房注意事项等。多发一些轻松的话题，适当拉拉家常，发一些生活照、旅游照等。售房广告尽量少发，且发布的时候，要注意标题吸引人，内容简单明了，可读性强。

10.3 微信公众号：五种疯狂吸粉的运营方式

如今，各行各业的公司和个人几乎都有微信公众号运营这种营销手段，二手房行业自然也不例外。微信公众号领域竞争可谓惨烈。在二手房销售领域，无论是公司还是个人，要想让自己的微信公众号充分发挥营销作用，不得不下一番功夫。

10.3.1 微信公众号的营销价值

房产销售人员建立公众号，运营公众号，其实也是一种信息、资源的整合和推荐过程。在说如何运营公众号来疯狂吸粉之前，我们先来看看微信公众号对于房产销售的价值所在（见表10-1）。

表10-1 二手房销售微信公众号价值

开发储备客户	如果公众号内容足够亮眼，一方面会自动吸引一些客户，另一方面，这些客户可能会推荐更多的客户。如果销售人员的公众号能够为那些不着急买房或卖房的客户提供一定的咨询服务，那么也会在一定程度上达到储备客户资源的目的
方便管理客户	公众号后台和微信客户端一样，可以查看客户资料信息，将客户导入微信公众号，对客户进行分类管理

续表

提供信息交流	微信公众号是与客户进行沟通交流的工具。销售人员可以经常发布一些对客户有价值的信息,比如:选购二手房方法技巧,买卖二手房如何规避风险等。无论是业主还是购房者,一旦关注公众号并对推送内容产生兴趣,就很容易来咨询一些有价值的问题
实现分类营销	微信公众号可以通过分类,针对不同的客户进行不同的营销,比如针对不同客户进行群发,发布一些语音、文字、图片、文章甚至视频。客户更方便了解到在售的房源信息
有效拓展人脉	销售人员可以利用公众号多与客户交流售房、买房方面的有价值的信息,培养与客户之间的感情,增强客户的认同感、信赖感、忠诚度
提升服务质量	销售人员可以将最近的二手房信息以及最近楼市的动态编辑好,发布到公众号,让客户提前了解信息。这样更方便为客户提供带看房的计划安排,使客户有更好的购房或售房体验
塑造个人品牌	销售人员如果做好了公众号,无疑会为自己的品牌增值,客户的信任度和忠诚度都会得到大幅度提升

10.3.2 微信公众号这样运营最吸粉

很多销售人员在做公众号的时候,时常有这样的困惑:加班加点,甚至牺牲吃饭和睡觉的时间来做公众号,可是坚持一段时间后,粉丝数仍少得可怜,甚至还有粉丝开始取消关注。到底怎样做才能疯狂吸粉,达到微信公众号营销的目的?这里给大家提供以下五种方法。

(1) 内容要"有滋有味还有料"

微信公众号在运营初期阶段,需要经过一个这样的过程,如图10-4所示。

图10-4 微信公众号运营初期流程

其中，内容创作属于整个过程的上游阶段，也是微信公众号运营效果的最根本所在，可谓"内容为王"。没有好内容的公众号只是一个空壳，粉丝不会有大幅度增长，也不会受长久关注。很多销售人员在公众号运营初期，也懂得内容为王的道理，于是花很多心思去转载别人的文章，没有原创成分，不具备独特性和首发性，因此容易出现掉粉现象。

销售人员最好进行少量转载，更多坚持原创。坚持长期原创文章的好处在于，微信公众号官方就会自动向你发出开通"原创"功能的邀请。之后，所有推送的文章都会带有属于自己的原创标志，标明作者和公众号来源，拥有转载权限设置，可避免侵权。一旦别的公众号转载自己的文章，会自带公众号来源，从而为自己带来大量粉丝。

（2）选好自媒体平台很重要

如果想让自己的公众号获得更多粉丝，仅仅靠原创内容远远不够，还需要选择对的自媒体来进行扩散传播。比如在"今日头条""人人都是产品经理人"等有影响力的自媒体上投稿，这样就会增大文章曝光率，阅读量迅速攀升，粉丝甚至一些平台都开始来关注你的公众号。销售人员在选择自媒体平台时，注意最好不要选择那些创业型平台，而是选择条件相符的，有一定影响力的自媒体平台，比如今日头条、知乎、搜狐公众平台、简书等。另外，在平台允许的情况下，应在投稿中标明作者、公众号ID，插入公众号二维码。

（3）公众号之间的互赢式推送

根据自己公众号的粉丝数量和原创内容的质量，有选择地寻找同类或门类相近、客户群相近的公众号进行互推。需注意服务号和订阅号的区别，服务号每个月只能推送4次，订阅号则可以每天推送1次。因此，最好选择相同类别公众号进行互推。

（4）利用一些微信群、QQ群进行公众号推广

销售人员可以通过一些微信群或QQ群进行公众号推广。这些群不一定是与房产相关的，也可以是一些别的兴趣小组之类的群。在进行这种推广时，不要生硬推送，而是要打好基础再推送。可以平时经常在群里发言，刷刷存在感，当群里热闹的时候，适时进行推送，可以用发红包等方式来鼓励关注的粉丝。

（5）经常策划一些线上线下的活动来吸粉

销售人员可以在公众号中定期策划一些线上线下的公众号粉丝活动。比如统一组织看房的客户们去短途旅行；举办一些专门针对业主或专门针对购房者的小型沙龙活动等。这样一些活动也能在一定程度上达到吸引并提升粉丝重视度的目的。

此外，对于拥有官网或APP资源的销售来说，也可以通过一些优惠活动，将这些官网或APP的粉丝引入微信公众号，也会在一定程度上起到吸粉作用。

10.4 博客：抓住客户关注的焦点

博客可以说是个人信息发布、知识交流、思想分享的平台。博主可以用文字、影音、图片、链接等方式建立自己的个性网络世界。博客内容发布在博客托管网上，这些博客托管类网站拥有大量的用户。博主一旦发表有价值的博客内容，浏览量大增，进而达到向潜在客户传递信息的目的。博客营销也是很多优秀的房产销售人员所惯用的网络营销方式。

10.4.1 博客营销的特质

博客营销其实是一种公关工具。博客不仅仅是一种网络媒体，更像是互联网中虚拟的"人"。博客之间的互动回应，博客中超级浏览量，更像是一群人之间进行的积极互动、商量讨论。博客营销的本质是通过专业化内容来进行知识分享，进而争夺话语权，建立权威的值得信赖的个人品牌形象。博客营销具有图10-5所示的一些特点。

节约网络营销费用，传播自主性更大	内容题材与发布方式都较为灵活多样	增加搜索引擎可见性，访问量大增	博客文章更为正式，可信度也更高
与客户在线交流调查交互性更强	影响力大，有引导网络舆论潮流的作用	有利于培养忠诚客户	

图 10-5 博客营销的特点

房产销售人员进行成功的博客营销，并不是仅仅在博客上做广告或随便写点文章这么简单，这其中还是有很多门道的，这里给大家一一道来，如图10-6所示。

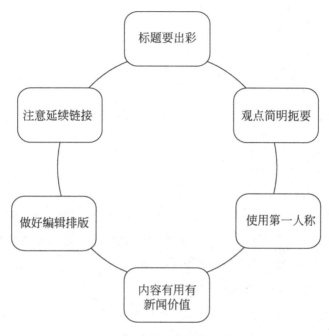

图10-6　博客营销的技巧

博客文章的观点要简明扼要，条理清晰。如今读者生活节奏快，很少有人愿意看长篇大论。内容简洁、观点明晰、信息量丰富的文章，更容易受到读者的青睐。

博客的标题不仅需要简洁，而且要足够有吸引力。人们在浏览一篇文章的时候，多半是被标题吸引去的，标题的营销影响力是不容忽视的。比如"你首付，我月供""阳台小菜园，全年都吃有机菜""抢劫！北京五环，房价1万元！"

在博客中，第一人称文章要远远比引用的文章更有价值，人们更愿意看到关心新鲜事物、有自己独特见解的文章。

博客的内容要对人们的日常生活有用，而且要有新闻价值，能抓住时下热点，关注人们都在关心的问题。比如：说说丈母娘推高房价的问题；说说春节后为什么要买房的问题；说说购房者关心的银行贷款利率问题等。

如果文章各方面都不错，但是满篇错别字丛生，文字排版杂乱，也会影响营销效果。因此，销售人员在写完或录入完一篇关于房地产的文章时，需要自己校对并进行排版。

博主应充分利用互联网工具，对文章进行链接，让其他文章为你的文章增加更多的知识含量和更有利的背景，使读者更愿意通过链接进行深度阅读。

10.4.2 博客营销的有效操作方法

在此，我们以销售人员最常用的第三方博客平台的博客文章发布为例，来介绍几种博客营销的有效操作方法。

（1）选择合适的博客托管网站

在博客托管网站方面，要选择那些知名度高、访问量大、对某些领域比较专业的博客网站。在这样的第三方博客平台发布博文，可信度高，影响力大。当然，销售人员不要拘泥于一家符合这些条件的第三方博客平台，也应该多选几家平台，增强博客内容的传播力度。

（2）制订中长期博客营销计划

房产销售人员无论是做个人营销博客内容，还是做团队营销博客内容，最好是制订一个中长期的博客营销计划。我们拿一个团队博客营销为例：团队博客分为不同的板块领域，团队里最好对每个人进行详细分工。每个人擅长的写作领域可能不同，分工也有区别。有的可能擅长从家长里短的角度说一些关于房子的事儿，有的可能对一些房产政策或经济形势等较为了解，可以负责写一些分析房产市场的内容。团队博客运营中，还要规定每个人发博文的周期、发博文的质量规定、发博文的反响度评价等。

销售人员在写房产营销博文的时候，有三个窍门可供参考，如图10-7所示。

（1）营造积极的博客环境，将博客营销坚持到底

无论是销售个人还是整个销售团队，如果想充分利用博客营销来推广二手房，就需要坚持不懈去写，偶尔发表一点博文是不可能达到目的的，必须将营销二手房的整体战略融入日常博文写作中。房产经纪公司可以针对此出台一些奖励措施，来激励销售们进行博客营销，鼓励他们在正常工作之外的个人活动中坚持发布有益于公司的博客文章，日积月累，随着博文的浏览量的增加，公司的潜在客户也会越来越多。

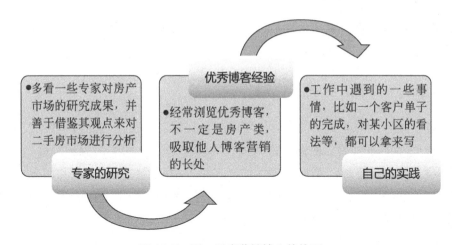

图 10-7　写二手房营销博文的技巧

（2）定期评估博客营销的效果

房产经纪公司或销售人员有必要对博客营销的效果进行定期跟踪评价，并根据发现的问题不断完善博客营销计划，充分发挥用博客营销挖掘潜在客户的目的。对博客营销效果的评价，可以从图10-8所示的四个方面来分析。

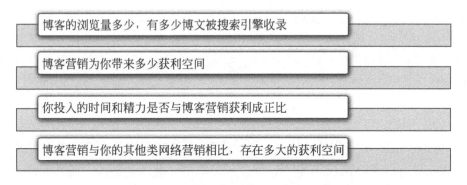

图 10-8　四种评估博客营销效果的方法

10.5　社区论坛：做到这六点，帖子火起来

论坛推广是最早的网络推广方式之一，论坛既是网民们进行社交活动的场所，也是一个进行推广的场所。销售人员可以利用房产类论坛这种网络交

流平台，让目标客户更加认同自己所能提供的房源和服务。但是，在论坛进行推广也是需要一定方法的。

10.5.1　论坛营销的优势

对于房产销售人员来说，论坛营销就是利用二手房论坛这种网络交流平台，通过文字、图片、视频等方式发布本房产经纪公司的房源和服务信息，从而让目标客户更加深刻地了解本房产经纪公司所能提供的房源和服务，扩大知名度的同时，也吸引了不少潜在客户或准客户。论坛营销为什么能达到这样的效果呢？如图10-9所示。

图10-9　论坛营销的优势

论坛话题具有一定的开放性，因此具有一定的凝聚力，经常会人气超高。销售人员可以利用论坛作为平台举办各类踩楼、灌水、贴图、视频等活动，充分调动网友的互动性。也可以通过一定具有新闻价值的事件炒作，植入自己的二手房品牌服务理念等，导致广泛传播。论坛营销多属于论坛灌水，其营销成本相当低，销售人员需要投入一些时间，精确把握话题与创意，并不需要资金投入。论坛营销一旦方法对了，营销的效果几乎立竿见影。

10.5.2　论坛营销的技巧

销售人员如果想利用现有的论坛来进行营销活动，可以进行图10-10所示的操作。

图10-10 论坛营销二手房的技巧

（1）寻找客户群高度集中的行业论坛

销售人员在充分分析自己行业的基础上，找到与行业相关的论坛或房产主题论坛，在这些论坛上进行论坛营销，能快速实现与客户的互动，发展目标客户为准客户，达到很好的营销效果。

（2）营销之前先打响知名度

销售人员可以在一些二手房行业论坛上多参与一些话题的讨论，多发表自己的意见和看法，比如多发一些选购二手房的知识、二手房交易知识等。销售人员可常常留意论坛中其他会员的动态，当有人遇到一些买房的问题时，热心帮他解决问题。时间一长，你在大家心目中就建立了一种专业、热心、真诚、值得信赖的朋友形象。此时，人们自然会询问你一些关于二手房房源的事情，大家也更愿意从你手中买房。

（3）不要随意在论坛中打广告

一般网民都比较排斥在论坛发广告的行为，尤其是那种广告性质非常明显的论坛广告，网民甚至会产生强烈的抵触情绪。也有一些论坛，会直接对发广告的会员封账号。所以不要轻易在论坛上发一些广告帖。

（4）个人图像、论坛签名、免费广告位的推广效应

直接在论坛发广告帖这种行为会适得其反，但是如果在参与论坛各种活动时，能"无意中"让人看到你的"隐性广告"，反而能产生更多的广告效应。

你可以制作一张尺寸合适的广告图片作为你的个人头像，或者在你的头像中写上个性化签名，签名中包含二手房服务介绍等。也可以在论坛中留下你的签名链接。这样，你在发言的时候，其实就在无形中增强了你的职业或公司的曝光率。还有的论坛主题会有一个免费的广告位，销售人员也可以利用这个广告位来对自己手中的二手房源进行宣传，或者宣传自己的服务信息等，这样的推广效果也不错。

（5）完善个人信息并定期进行账号维护

销售人员在注册论坛账号后，必须完善个人信息，诸如年龄、昵称、血型、所在地等，信息越是完善，越能给人以亲近感。管理员会认为你是个忠实的会员，即使偶尔发布一个软广告也会宽容你。

定期维护论坛账号也相当重要，一方面是尽可能在论坛活跃，进入论坛核心会员行列最好能申请成为论坛的版主。但是要做到这一点比较难，除了在论坛活跃之外你还可以与其他的论坛会员沟通，加入论坛的官方QQ群，全方位提升活跃度。

10.6　QQ：充分利用圈子成就多维人脉

QQ作为网络沟通工具已经有些年头了。如今，很多人日常网络交流沟通中，仍习惯使用QQ，QQ也为很多人积累了大量的人脉。一般来说，无论是QQ好友，还是QQ群友，都是比较排斥QQ营销的。但是也不可否认，QQ这种网络工具也同其他网络社交工具一样，具有一定的营销推广效果。那么，房产销售人员如何利用QQ来拓展人脉，赢得越来越多的客户？

10.6.1　QQ营销推广的特征

在QQ营销推广中，销售人员最常用的是QQ群营销推广，它具有图10-11所示的一些特征。

10.6.2　QQ群多维人脉营销推广法

很多房产销售人员在操作QQ群营销推广时，经常会按照这样的路线进行：搜群→加群→发广告。这种营销推广方式看似简单，却非常令人反感。一般不会有多少人去关注这种推广广告，甚至还会被群主踢出群。方法用错了，努力都白费。这里，就给大家介绍一些正确使用QQ群营销推广二手房的方法（见图10-12）。

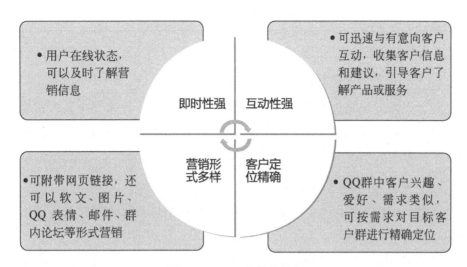

图 10-11　QQ 营销的特征

图 10-12　QQ 群营销推广二手房的技巧

（1）找到目标客户聚集的 QQ 群

找到目标客户聚集的 QQ 群很简单。如果你是销售飞机票的，那么你的目标客户在旅游类 QQ 群里比较集中；如果你是做服装的，那么你的目标客户群更多是在一些时尚生活类 QQ 群里；当然，如果你是做二手房销售的，那么你的目标客户群定位应该是一些与房产相关的 QQ 群。

（2）群名片的设计

销售人员在设计群名片的时候，可以将群名片设置成"公司简称 + 职业 + 名字"的形式。也可以在群名片的备注里，用简短的语言介绍你的工作性质。这样一旦你与群里的一些朋友熟悉了，大家都会很容易了解到你的公司以及你的职业。比起半生不熟的房产销售人员，他们更愿意在你手中买房或卖房。

（3）成为群管理员

群管理员在群里的可信度和权威度都是比较高的。一般来说，对于群管理员传递给成员的信息，群成员更容易接受，也愿意去信任。要成为群管理员，一则要与群主搞好关系；二则多在群里创造活跃的氛围，多为群成员解决问题。

（4）利用好QQ群邮件

销售人员如果直接在QQ群通知里打二手房广告，一来很少有人愿意去看，二来可能被群主踢出群。但销售人员可以用QQ邮箱来做广告，这种方法比较隐蔽，当然，这种方法用于自建的QQ群效果更好。

（5）掌握好专业知识好处多

在房产类QQ群里，目标客户相当多。这些群成员可能经常会讨论一些问题：在哪个地段买房，是不是卖房的好时机，买房的窍门有哪些等。你要多给予对方满意的解答。这样你在大家的印象里，就是一个专家。人们无论是买房还是卖房，都更愿意与你合作。

（6）利用QQ群讨论组来进行推广

销售人员可以建立一个讨论组，方法很简单，按住Ctrl键，鼠标选中在线的第一个网友然后一直到第十九个网友，点击右键创建讨论组，每次可以拉20人进入。在讨论组中，讨论大家想找的房源问题，甚至是预约看房等事宜。

10.7 找房平台：内容营销才是王道

网络房产销售经常在本地或全国性的门户网站上广泛发布自己的房源信息。客户也会通过这些门户网站自己找上门来。可是，在这些找房类平台上，房产销售人员业绩良莠不齐，有的房产销售人员不费吹灰之力，客户纷至沓来；而有的房产销售人员即便广泛"撒网"，但却收获甚微。这是为什么？

10.7.1 二手房内容营销的内涵

我们先来看一则某网络平台上的二手房信息：

出售

××小区出售一套二居室，面积88平方米。

联系人：小赵（132××××××××）

1. 标题过于简单
2. 信息描述不详细
3. 发布信息太马虎
4. 没有经常更新发布时间
5. 无法给客户信任感

图10-13 案例中发布消息的5种"缺陷"

（配图信息：无；小区介绍：无；联系方式：信息出错）

这是销售人员小赵发在某城市热门网站的消息。当时正值房产行情上行时期，可是却没有人给他打电话询问房源，因为他这则广告缺陷多多，如图10-13所示。

在找房平台上发布二手房信息，内容营销才是王道。如果在内容上毫无创意，马马虎虎，甚至内容不全，那么就无法达到网络销售房源的目的。

所谓内容营销，即不需要做广告或做推销就能使客户获得信息、了解信息并促进信息交流的营销方式。它主要通过文字、数字、图片、视频等形式向目标市场提供所需信息。

销售人员发表在房产平台上的二手房源信息，从内容营销的角度来说，包含表10-2所示的内容。

表10-2 网络平台发布内容梗概

房源信息	销售所属商圈的房源信息，本地区房源信息
小区评价	对于小区细节的描述，对于小区投资价值、宜居程度的评价
政策解读	从专业的角度对房产政策等进行解读
市场分析	对于当今市场行情，以及对本区域楼市投资价值、投资回报率等进行专业分析
公司理念	标明个人或公司的服务理念
自我介绍	包括从业经验、商圈经营范围和优势、相关领域心得体验等

10.7.2 如何在找房平台做内容营销

网络平台营销具有房源多、浏览量大、发帖快、更新快、带看和成交概率大的特点。一般来说，如果在某相关网站长期进行网络营销二手房源，还能大大提升公司和个人的知名度，增强客户的信任感，吸引并整合更多的客户资源。但是，如何在这些网络平台上做内容营销则是需要一定技巧的。这里有在网络平台做二手房内容营销的方法，可供大家参考。

（1）优化个人主页

无论你是在房产类网站还是在本地生活类网站发布房源信息，一般都有个人主页这一版块。这一版块的内容也具有一定的营销价值。所以，在这一版块，销售需要完善个人信息，不仅要有详细的公司名称、地址、个人联系方式等基本项，而且最好添加上QQ号或微信号等联系方式，在名字上要注意与房地产相关，诸如"资深房地产销售××""金牌地产销售××""××商圈专家"等。让客户可以迅速找到你的职业领域对你建立一种基本的了解和信任感。

（2）上传房源数量要多

如果你上传的房源只有寥寥几套，那么不足以吸引客户。只有你能推出大量房源，最好放上这些房源的真实且漂亮的照片，这样才能吸引更多客户。

（3）上传房源内容全面而精细

发布房源内容信息时，要注意内容介绍要全面而精细，如表10-3所示。

表10-3 发布房源内容信息描述

信息内容	信息内容描述
小区特色介绍	小区环境、交通、配套、停车情况、设施、超市、商业街等，如实描述，不要抄袭其他销售
房源的具体情况	房源的面积、户型、楼层、位置、景观、配置、装修情况、价格以及业主卖房的原因、心态等
房源税费介绍	帮客户计算税费情况，彰显你的专业度
个人能力专业描述	寥寥两三句简单描述从业经历和经验
类似房源推介	推介一些类似房源或自己公司的其他房源，配有一定的市场分析、行情分析、投资理念等，最好配上自己的联系方式和正式照片，给客户更多选择的空间

（4）利用关键词、热门事件营销扩大影响力

客户在搜索房源的时候，多是通过关键字搜索的。因此，你的主页上要有一些吸引客户的关键字，诸如二手房、中介、小户型、向阳、南北通透、急售、学区房、诚信中介等。

销售人员在发布房源信息时，利用热门事件和热门话题营销方式能迅速提升浏览量。比如"某地产开发商减价30%，欲哭无泪""错过这一波，一年又白忙"等。

附录

附录1　二手房销售常用的表格管理工具

（1）二手房房源市场调研报告书

_____小区房源市场调研报告书

调研人：　　　　　　调研时间：

项目名称		开发商	
详细地址		租价情况/月	一居/月：
占地面积			二居/月：
总层数			三居/月：
总栋数		周边小区	
建筑结构			
总套数			
每层套数		周边学校	
绿化率			
建筑年代		周边交通情况	
容积率			
楼盘产权			

续表

开盘起价、均价		优点:	
当前市场价		小区综合点评	
供水系统			
供暖情况			
物业联系方式		缺点:	
主力客户群			
车位数			
停车费			
附：小区平面图			

（2）交易流程表

交易流程表

次序	流程	所需时间	所需资料		客户到场	所需费用		注意事项
			买方	卖方		买方	卖方	
一								
二								
三								
四								
五								
六								

（3）房源销控表

房源销控表

房源编号	具体地址	户型	面积	楼层	单价	总价	房源卖点

（4）意向客户配房表

意向客户配房表

客源编号	姓名	电话		需求		
匹配房源编号	小区	面积	价格	户型	楼层	卖点
客源编号	姓名	电话		需求		
匹配房源编号	小区	面积	价格	户型	楼层	卖点

（5）购房客户需求表

购房客户需求表

来源：　　　　　　　需求编号：　　　　　　月份：

姓名	姓名_____性别：□男　□女　现住址：_____
联系方式	1._____　2._____
看房时间	□假日　□平时
户口所在地	□本市　□本省　□外省
年龄	□20～30岁　□30～40岁　□40～50岁　□50岁以上
家庭结构	□单身贵族　□二人世界　□三口之家　□三代同堂　□其他
家庭月收入	□5000～8000元　□8000～12000元　□12000～20000元　□20000元以上
购房原因	□刚需　□换房　□投资　□其他
所需房型	□小高层　□高层　□多层　□商铺　□其他
所需面积	□70平方米以下　□70～90平方米　□90～110平方米　□110～135平方米　□135平方米以上
所需户型	□一室　□二室　□三室　□跃层或复式
户型朝向	□南北通透　□朝南　□朝向不限
何时入住	□急需　□一个月　□两个月　□三个月　□半年
付款方式	□全款　□按揭　□公积金

续表

首付预算	
曾看过的房型	
装修要求	
买房在意方面	
推荐房源	

（6）工作日报表

工作日报表

日期：

项目	房源	客源	网发	带看	勘房	跟房	跟客	钥匙	意向	签约	签订出售	成交金额

（7）外出登记表

外出登记表

销售：　　　　　　　　　　　　　　　　日期：

出去时间	工作计划	地址	回来时间	客户级别
客户磋商情况说明：				

（8）驻守表

驻守表

时间	9:00～12:00	收获	13:00～15:00	收获	15:00～18:00	收获
星期一						
星期二						
星期三						
星期四						
星期五						
星期六						
星期日						

（9）交易预算表

交易预算表

房屋地址					
成交价		面积		土地证面积	
贷款额		贷款年限		房屋性质	
过户费用					
契税		个人所得税		营业税	
土地出让金		交易服务费		其他	
合计					
贷款费用					
评估费		贷款服务费		他项权证	
合计					
中介费用					
服务费		代办过户		代办贷款	
合计					
备注：以上预算数据仅供参考，最终数据以实际过户情况为准					

（10）二手房交易税费表

二手房交易税费表

税费名称		出售方	购买方	备注	合计
合同公证费					
合同印花税					
交易手续费					
交易登记费					
抵押登记费					
配图费					
权证印花税					
贷款保险费、担保费					
契税	普通住宅				
	非普通住宅				
营业税	普通住宅				
	非普通住宅				
所得税	普通住宅				
	非普通住宅				
土地增值税	普通住宅				
	非普通住宅				
	暂免征收				
	其他情况				
中介费					

（11）二手房家具电器清单

二手房家具电器清单

房址：　　　　　　　　　　　　　　日期：

编号	物品名称	数量	品牌名称	型号	其他

水表读数：　　　　　　电表读数：　　　　　　煤气读数：

甲方：　　　　　　　　　　　　　　乙方：

日期：　　　　　　　　　　　　　　日期：

（12）钱款交接单

钱款交接单

日期	房屋地址	房主	成交价	中介服务费	代办过户费	代办贷款费	第一次交房款	第二次交房款	交接人

（13）退款结算表

退款结算表

项目：　　　　　　　　　　　　　　　　　日期：

客户名称		合同编号		地址	
面积		合同金额		合同摘要	
本次付款				累计付款	
摘要					
连锁店经理		业务经办		客户	

（14）房本、合同及协议交接单

房本、合同及协议交接单

日期	房址	买卖双方姓名	卖方资料						买方资料						交接人
			房产证及复印件	土地证及复印件	契税票或界定卡及复印件	身份证复印件	户口本复印件	婚姻证明	其他	身份证复印件	户口本	婚姻证明	收入证明	银行流水	其他	

附录2 二手房销售必备的协议书

房产中介与买家的协议书范本

房产中介服务协议书（一）

甲方（买方）：
乙方（中介）：

甲、乙双方经友好协商，甲方【独家】【非独家】委托乙方协助购买位于_____的房地产。根据有关法律、法规的规定，甲、乙双方本着诚实信用的原则，经协商一致达成协议。具体条文如下：

第一条　甲方确认购买房地产的基本情况

1.房产的使用性质为_____。

2.建筑时间（以房产证为准）_____。

3.房产【建筑面积】【套内面积】：（以房产证为准）_____。

4.该房产售价每平方米_____万元，总价款_____万元。

5.甲方付款方式为：【一次性付款】【分期付款】【按揭付款】【其他：】。

6.甲方缴纳税费方式为：【各付各税】【税费全部由买方支付】【税费全部由卖方支付】。

7.其他情况：_____。

第二条　乙方义务

1.乙方应当带甲方察看可供甲方购买的房产。

2.乙方应为甲方提供房产交易方面的咨询。

3.乙方应当核实房产权属资料并如实告知甲方，甲方如需乙方提供由政府相关部门出具的证明资料，乙方应给予办理，甲方承担所需费用。

4.乙方应根据诚实信用的原则为甲方提供中介服务，向甲方提供订立房产买卖有关的重要事项或情况。

5.非经甲方同意，乙方不得泄露甲方的信息资料。

第三条　乙方服务费用支付方式

经甲乙双方协商，乙方为甲方提供上述房产项目信息和相关的服务，甲方同意按乙方中介的房产项目土地金额（市场价值）的 ____%即人民币_____万元向乙方支付中介服务费用（税后）。双方约定，中介费用于过户完成之日起三日内完成支付。否则，乙方有权要求甲方承担相应的违约责任。

第四条　购房定金

甲方于签订本协议之日起，向乙方交付_____元作为与业主签订房屋买卖合同的保证金。

乙方如于_____年____月____日前取得业主同意出售该房产的书面文件，乙方不需甲方另行指示，可将保证金转交给业主转为购房定金，并以业主出具的定金收据为实。如乙方未能按上述期限取得业主同意且无书面文件，乙方需将代收的保证金退还甲方。

若甲方收到业主出具的购房定金收据后，没有按照买卖双方所签订的合同履行买房义务，定金不予退回，如业主没有按照买卖双方所签订的合同履行卖房义务，乙方应协助甲方向业主追偿双倍定金。如业主按照买卖双方所签订的合同条件出售房产，乙方应及时告知甲方，并尽快促使买卖双方履行买卖合同。

第五条　合同的解除和变更

如甲方取消委托或变更承购条件，应及时书面通知乙方。在甲方通知乙方取消委托或变更承购条件前，如乙方已取得业主同意出售该房产的书面文件，甲方需向乙方支付劳务费_____元（该费用不得超过中介费）。

第六条　违约责任

1. 甲方逾期支付乙方中介服务费的，应向乙方支付违约金，违约金的标准为_____。

2. 乙方在提供中介服务过程中存在隐瞒、欺诈或未尽义务，致使甲方遭受损失，乙方不得收取中介服务费，且需赔偿甲方损失费。

3. 甲方与乙方介绍的客户私下交易的，乙方可以要求甲方支付中介服务费，并可要求甲方支付违约金_____。

4. 甲、乙双方如有违约，在协商不妥的情况下，守约方均可向法律机关申请仲裁，或提出起诉，要求违约方承担相应的违约责任。

第七条　本协议一式两份，具有同等法律效力。本协议双方签字盖章后生效。

甲方：

乙方：

日期：

房产中介与卖家的协议书范本

房产中介服务协议书（二）

甲方（中介）：

乙方（卖方）：

根据有关法律法规的规定，甲、乙双方本着诚实信用的原则，经协商，达成以下协议条款。

第一条 中介服务内容

甲方为乙方提供 □独家 □非独家 中介服务，期限为_____。

甲方促成乙方与 □购买 □租赁 其房产的当事人签署 □买卖 □租赁 合同后，乙方需要支付甲方提供代理办理房产 □交易过户 □租赁登记 手续的中介服务费用。

乙方 □同意 □不同意 授权甲方代为 □预约办理 □申请办理 _____公证。

乙方 □同意 □不同意 将房地产的钥匙交由甲方代为保管，以供查看之用。

乙方 □同意 □不同意 授权甲方将房地产的钥匙交予其他中介公司，以供查看之用。

第二条 房产权属情况

房产地址：_____。

建筑时间：_____。

房产建筑面积：_____ 房产套内面积：_____。

房产用途为：_____。

性质为：_____。

不动产权证证号：_____。

乙方房地产为 □独家所有 □共有 □其他_____ □有 □没有 抵押；□有 □没有 被查封；□有 □没有 出租。

第三条 价款、收款方式和法律法规规定的税费

乙方同意甲方按照下列条件代出售乙方房产：

1.该房产按套出售并计价，总金额范围为_____。

2.该房产以 □建筑面积 □套内面积计算，单价为每平方米_____元范围内，总金额为_____范围内。

3.乙方同意收款方式：□一次性收款 □分期收款 □按揭收款

□其他_____。

4. 税费缴交方式：□各付各税　□税费全部由买方/承租方支付　□税费全部由卖方/出租方支付。

第四条　甲方权利义务

1. 甲方必须对乙方房产的资料进行核实。甲方根据诚实信用原则为乙方提供中介服务。

2. 甲方有权向乙方收取中介服务费或要求乙方支付从事中介活动支出的必要费用。

3. 甲方根据合同开展中介活动，为乙方房产寻找　□购买对象　□租赁对象，经乙方　□同意　□不同意，甲方发布该房地产的广告，广告宣传费由____承担。

4. 甲方必须对乙方房产的资料进行核实。

5. 甲方应当根据协议，带　□购买方　□租赁方　察看该房产，并将该房产的权属情况如实告知　□购买方　□租赁方，力促成乙方与　□购买方　□租赁方　达成相关合同。

6. 甲方为乙方提供房产交易过户方面的咨询。

7. 甲方必须如实将交易进展情况通报乙方。非经乙方同意，甲方不得泄露乙方相关信息资料。

第五条　乙方权利义务

1. 乙方有权向甲方询问交易进展情况，甲方不得隐瞒，必须如实告知。

2. 乙方必须保证向甲方提供的相应房产资料真实，并保证本人对该房产拥有完整产权或已取得其他业主的委托，有权处置该房产。

3. 乙方应当予以配合甲方的中介服务，并向甲方提供必要的协助。

4. 乙方应当根据合同向甲方支付中介服务费或支付甲方从事中介活动支出的必要费用。

5. 甲方根据合同规定条件为乙方找到合适的　□购买方　□租赁方后，应及时通知乙方并约定签署房屋　□买卖合同　□租赁合同的时间，乙方应在约定时间内签署相关合同。

第六条　中介服务费、协办手续费给付

甲方促成乙方与　□购买　□租赁　其房地产的当事人签署　□买卖　□租赁　合同的，乙方应在合同生效之日起向甲方支付中介服务费_____。

甲方促成乙方与　□购买　□租赁　其房产的当事人签署　□购买　□租赁　合同后，乙方需要甲方代办房产　□交易过户　□入住　手续并结清有关费用　□赎契手续　□租赁登记　□其他_____手续的，乙方应向甲方支付协办手续费_____。

第七条　合同的解除和变更

乙方有权取消委托或变更出售、出租条件，但应及时通知甲方。乙方在正式通知甲方取消委托或变更出售、出租条件前，甲方已为乙方提供符合本合同约定的中介服务的，乙方应向甲方支付从事中介活动时所支出的费用。

第八条　法律责任

1. 甲、乙双方不履行本合同规定或履行合同不符合约定的，应当承担违约责任，违约方应支付违约金_____。

2. 乙方逾期支付中介服务费的，应向甲方支付违约金_____。

3. 甲方在提供中介服务过程中存在隐瞒或欺诈，致使乙方受到损失，甲方不得收取中介服务费，并应赔偿乙方的损失。

4. 因乙方未能及时履行义务，导致甲方未能促成乙方与 □购买方 □租赁方　签署　□买卖　□租赁　合同的，甲方可以要求乙方支付违约金_____，但不得再要求乙方支付中介服务费。

5. 乙方与甲方介绍的客户私下交易的，甲方可以要求乙方支付中介服务费，并可要求乙方支付违约金_____。

第九条　纠纷解决方式

本合同在履行过程中发生的争议，双方当事人可进行协商。协商不成的情况下，守约方均可向法律机关申请仲裁，或提出起诉，要求违约方承担相应的违约责任。

第十条　本协议一式两份，具有同等法律效力。本协议双方签字盖章后生效。

甲方：

乙方：

日期：

二手房买卖合同范本（仅供参考）

二手房买卖合同范本

甲方（卖方）：

姓名：_____ 国籍：_____ 身份证号码：_____

出生日期：_____ 性别：____ 联系电话：_____

通信地址：＿＿＿＿＿＿＿＿＿＿＿＿＿＿＿邮政编码：＿＿＿＿＿＿＿＿＿

乙方（买方）：

姓名：＿＿＿＿＿＿国籍：＿＿＿＿＿＿＿身份证号码：＿＿＿＿＿＿＿＿

出生日期：＿＿＿＿＿＿＿＿＿＿性别：＿＿＿＿＿联系电话：＿＿＿＿＿＿＿

通信地址：＿＿＿＿＿＿＿＿＿＿＿＿＿＿＿邮政编码：＿＿＿＿＿＿＿＿＿

丙方（居间方）：

营业执照号：＿＿＿＿＿＿＿＿＿＿　　备案编号：＿＿＿＿＿＿＿＿＿＿＿

销售姓名：＿＿＿＿＿＿＿＿＿＿　　　资格证编号：＿＿＿＿＿＿＿＿＿＿

销售姓名：＿＿＿＿＿＿＿＿＿＿　　　资格证编号：＿＿＿＿＿＿＿＿＿＿

地址：＿＿＿＿＿＿＿＿＿＿＿＿　　　联系电话：＿＿＿＿＿＿＿＿＿＿＿

根据《中华人民共和国合同法》《中华人民共和国城市房地产管理法》及其他有关法律、法规的规定，甲、乙双方在平等、自愿、公平、协商一致的基础上，就甲、乙方委托丙方就房屋买卖居间服务事项达成一致，订立本合同，三方在履行合同时共同遵守以下协议：

第一条　房屋基本情况

甲方所售房屋（以下简称该房屋）坐落在：＿＿＿＿＿＿＿＿＿【区（县）】＿＿＿＿＿＿＿＿＿＿＿＿【小区（街道）】＿＿＿＿＿＿【幢】【座】【号（楼）】＿＿＿＿＿＿单元＿＿＿＿＿＿号（室）。该房屋所在楼栋建筑总层级为＿＿＿＿＿层，其中地上＿＿＿＿＿＿＿＿层，地下＿＿＿＿层，建筑面积共＿＿＿＿＿＿＿平方米。

随该房屋同时转让的房屋附属设施设备、装饰装修、相关物品清单等具体情况见清单。

第二条　房屋权属情况

（一）该房屋所有权证号为：＿＿＿＿＿＿＿＿＿＿＿＿＿＿＿。

（二）房屋使用状况

该房屋性质为下列选项中第＿＿＿＿种情形：

1.商品房；2.已购公有住房；3.向社会公开销售的经济适用住房；4.按经济适用住房管理的房屋；5.约定获得房屋所有权证的房屋，预售合同号为＿＿＿＿＿＿＿。

（三）该房屋的产权证属于下列第＿＿＿＿种情形：

1.2年以内；2.2～5年；3.5年以上。

（四）该房屋的抵押情况为＿＿＿＿＿＿＿＿。

1.该房屋未设抵押；2.该房屋已经设定抵押，抵押权人为＿＿＿＿＿＿银行，抵押登记日期为_____年____月____日。该房屋已经设定抵押的，出卖人应于_____（时间或条件）前办理抵押注销手续。

（五）该房屋的租赁情况为_____。

1. 甲方未将该房屋出租。

2. 甲方已将该房屋出租。□买卖人为优先承租人　□承租人已经放弃优先购买权

第三条　甲、乙双方通过_____公司居间介绍（房地产执业销售：_____）销售执业证书号：_____达成本交易。中介费用为本合同房屋总价的3%，买卖双方各承担一半中介费，中介费在房屋所有权证过户到买方名下之日支付。在本次交易未完成的情况下，已支付的中介费应该全部退还。

第四条　成交价格和付款方式

（一）经甲、乙双方协商一致，该房屋成交价格为：人民币_____元（小写），_____元整（大写）。甲、乙双方同意□自行　□专用账户　划转交易结算资金。上述房屋价格包括了该房屋附属设施设备、装饰装修、相关物品和其他与该房屋相关的所有权利。

（二）买方付款方式如下：

1. 本合同签订后3日内，乙方向甲方支付定金：成交总价的10%，即人民币_____元。

2. 该房屋过户到买方名下后3日内，乙方向甲方支付成交总价的80%，即人民币_____元。

3. 该房屋验收交接完成后3日内，乙方向甲方支付成交总价的10%，即人民币_____元。

第五条　权属转移登记和户口迁出

（一）自本合同签订之日起3日内，经双方同意，共同向房屋权属登记部门申请办理房屋权属转移登记手续。

（二）如乙方未能在房屋权属登记部门规定的办理房屋权属转移登记手续的期限内（最长不超过3个月）取得房屋所有权证书，乙方有权退房，甲方应当自收到乙方退房通知之日起3日内将乙方全部已付款退还乙方，并按照银行同期贷款利率付给利息。

（三）甲方应当在该房屋所有权转移之日起30日内，向房屋所在地的户籍管理机关办理完成原有户口迁出手续。如甲方逾期迁出，每逾期一日，甲方应向乙方支付全部已付款万分之五的违约金。如逾期超过90日，乙方有权解除本合同，甲方应在收到解除通知之日起3日内将乙方全部已付款退还乙方，并按

照银行同期贷款利率付给利息。

第六条　房屋产权及具体状况的承诺

甲方保证该房屋没有产权纠纷，因甲方原因造成该房屋发生债权债务纠纷或其他原因，不能办理产权登记时，甲方应支付乙方房款总额的5%作为违约金，并承担其他相应赔偿责任。

甲方保证已向乙方如实陈述该房屋权属状况、附属设施设备、装饰装修，附件一所列的该房屋附属设施设备及其装饰装修随同该房屋一并转让于乙方。

甲方保证自本合同签订之日起至该房屋验收交接完成，对已纳入附件一的各项房屋附属设施设备及其装饰装修保持良好的状况。

在房屋交付日以前发生的物业管理费、供暖费、水费、电费、燃气费、有线电视费、电信费用由甲方承担，金额为：_____元人民币。交付日以后（含当日）发生的费用由乙方承担。甲方同意将其缴纳的该房屋专项维修资金（公共维修基金）的账面余额在房屋过户后10日转移给乙方。如甲方逾期支付专项维修资金，每逾期一日，甲方应向乙方支付已交付房款的万分之五作为违约金。

第七条　房屋的交付和验收

甲方应当在房屋过户到乙方名下后30日内将该房屋交付给乙方。该房屋交付时，应当履行下列各项手续：

（一）甲、乙双方共同对该房屋附属设施设备、装饰装修、相关物品清单等具体情况进行验收，记录水、电、气表的读数，交接附件一中所列物品，并在相关物品清单上签字；

（二）移交该房屋房门钥匙；

（三）按本合同规定办理户口迁出手续；

（四）本合同规定的相关费用的支付和房屋专项维修资金的过户；

（五）完成本合同规定的其他应完成事项。

甲、乙双方完成本条规定的各项手续后，视为该房屋验收交接完成。

第八条　本合同签订后，甲方再将该房屋出卖给第三人，导致乙方不能取得房屋所有权证的，乙方有权解除本合同，甲方应当自收到解除通知之日起2日内退还乙方全部已付款，并按乙方累计已付房款的一倍支付违约金。

第九条　税、费相关规定

甲、乙双方履行本合同过程中，应按照国家及地方相关规定缴纳各项税费，甲、乙双方承担税费的具体约定如下：

（一）甲方需付税费：

个人所得税；土地增值税；营业税；城市建设维护税；印花税；教育费附

加；土地使用费；房地产交易服务费；提前还款短期贷款利息（如有）；提前还款罚息（如有）。

（二）乙方需付税费：

契税；产权登记费；印花税；《房地产证》贴花；房地产交易服务费。

（三）其他税费由甲、乙双方各承担一半：

房地产买卖合同公证费（如有）；评估费；权籍调查费；保险费（如有）；其他（以实际发生税费为准）。

甲、乙双方，如因一方不按法律法规规定缴纳相关税费导致交易不能进行的，其应当向对方支付相当于房款总额5%的违约金。

第十条　违约责任

（一）逾期交房责任

除不可抗力外，如甲方未按本合同第七条约定的期限和条件将房屋交付乙方，按如下规定处理。

1.自第七条约定的交付期限届满之次日起至实际交付之日止，逾期30日内，甲方应于该房屋实际交付之日起3日内，按日计算向乙方支付已交付房款的万分之五作为违约金，并继续履行合同。

2.逾期超过30日后，乙方有权退房。如乙方退房，甲方应当自收到退房通知之日起3日内退还乙方全部已付款，并向乙方支付乙方全部已付款的5%作为违约金。

（二）逾期付款责任

除不可抗力外，乙方未按照第四条约定的时间付款的，按照以下规定处理：

1.自约定的应付款期限届满之次日起至实际支付应付款之日止，逾期在30日之内，乙方按日计算向甲方支付逾期应付款万分之五作为违约金，并于实际支付应付款之日起3日内完成支付并继续履行合同。

2.逾期超过30日后，甲方有权解除合同。甲方解除合同的，乙方应当自解除合同通知送达之日起3日内向甲方支付应付房款总额的5%作为违约金，并由甲方退还乙方全部已付款。

第十一条　不可抗力

因不可抗力导致甲、乙双方无法履行合同规定的，根据不可抗力的影响，部分或全部免除责任。但因不可抗力不能按照约定履行合同的一方当事人，应自不可抗力事件结束之日起3日内及时告知另一方，并提供证明。上述房屋风险责任自该房屋验收交接完成之日起转移给乙方。

第十二条　争议解决方式

甲、乙双方就本合同项发生的争议，可协商解决；在协商解决不成的情况下，依法向房屋所在地人民法院起诉。

第十三条　本合同自双方签字（盖章）之日起生效。双方可以根据具体情况对本合同中未约定、约定不明或不适用的内容，签订书面补充协议进行变更或补充。如若双方解除本合同，应当采用书面形式。本合同附件及补充协议与本合同具有同等法律效力。

甲方（卖方）：

乙方（买方）：

丙方（居间方）：

合同签订日期：＿＿＿年＿＿＿月＿＿＿日

附录3　二手房销售必知的法律法规

（1）《中华人民共和国城市房地产管理法》

（1994年7月5日第八届全国人民代表大会常务委员会第八次会议通过，根据2007年8月30日第十届全国人民代表大会常务委员会第二十九次会议《关于修改〈中华人民共和国城市房地产管理法〉的决定》修正）

第一章　总　则

第一条　为了加强对城市房地产的管理，维护房地产市场秩序，保障房地产权利人的合法权益，促进房地产业的健康发展，制定本法。

第二条　在中华人民共和国城市规划区国有土地（以下简称国有土地）范围内取得房地产开发用地的土地使用权，从事房地产开发、房地产交易，实施房地产管理，应当遵守本法。

本法所称房屋，是指土地上的房屋等建筑物及构筑物。

本法所称房地产开发，是指在依据本法取得国有土地使用权的土地上进行基础设施、房屋建设的行为。

本法所称房地产交易，包括房地产转让、房地产抵押和房屋租赁。

第三条　国家依法实行国有土地有偿、有限期使用制度。但是，国家在本法规定的范围内划拨国有土地使用权的除外。

第四条　国家根据社会、经济发展水平，扶持发展居民住宅建设，逐步改善居民的居住条件。

第五条　房地产权利人应当遵守法律和行政法规，依法纳税。房地产权利人的合法权益受法律保护，任何单位和个人不得侵犯。

第六条　为了公共利益的需要，国家可以征收国有土地上单位和个人的房屋，并依法给予拆迁补偿，维护被征收人的合法权益；征收个人住宅的，还应当保障被征收人的居住条件。具体办法由国务院规定。

第七条　国务院建设行政主管部门、土地管理部门依照国务院规定的职权划分，各司其职，密切配合，管理全国房地产工作。

县级以上地方人民政府房产管理、土地管理部门的机构设置及其职权由省、自治区、直辖市人民政府确定。

第二章　房地产开发用地

第一节　土地使用权出让

第八条　土地使用权出让，是指国家将国有土地使用权（以下简称土地使用权）在一定年限内出让给土地使用者，由土地使用者向国家支付土地使用权出让金的行为。

第九条　城市规划区内的集体所有的土地，经依法征收转为国有土地后，该幅国有土地的使用权方可有偿出让。

第十条　土地使用权出让，必须符合土地利用总体规划、城市规划和年度建设用地计划。

第十一条　县级以上地方人民政府出让土地使用权用于房地产开发的，须根据省级以上人民政府下达的控制指标拟订年度出让土地使用权总面积方案，按照国务院规定，报国务院或者省级人民政府批准。

第十二条　土地使用权出让，由市、县人民政府有计划、有步骤地进行。出让的每幅地块、用途、年限和其他条件，由市、县人民政府土地管理部门会同城市规划、建设、房产管理部门共同拟订方案，按照国务院规定，报经有批准权的人民政府批准后，由市、县人民政府土地管理部门实施。

直辖市的县人民政府及其有关部门行使前款规定的权限，由直辖市人民政府规定。

第十三条　土地使用权出让，可以采取拍卖、招标或者双方协议的方式。

商业、旅游、娱乐和豪华住宅用地，有条件的，必须采取拍卖、招标方式；没有条件，不能采取拍卖、招标方式的，可以采取双方协议的方式。

采取双方协议方式出让土地使用权的出让金不得低于按国家规定所确定的最低价。

第十四条　土地使用权出让最高年限由国务院规定。

第十五条　土地使用权出让，应当签订书面出让合同。

土地使用权出让合同由市、县人民政府土地管理部门与土地使用者签订。

第十六条　土地使用者必须按照出让合同约定，支付土地使用权出让金；未按照出让合同约定支付土地使用权出让金的，土地管理部门有权解除合同，并可以请求违约赔偿。

第十七条　土地使用者按照出让合同约定支付土地使用权出让金的，市、县人民政府土地管理部门必须按照出让合同约定，提供出让的土地；未按照出让合同约定提供出让土地的，土地使用者有权解除合同，由土地管理部门返还土地使用权出让金，土地使用者并可以请求违约赔偿。

第十八条　土地使用者需要改变土地使用权出让合同约定的土地用途的，必须取得出让方和市、县人民政府城市规划行政主管部门的同意，签订土地使用权出让合同变更协议或者重新签订土地使用权出让合同，相应调整土地使用权出让金。

第十九条　土地使用权出让金应当全部上缴财政，列入预算，用于城市基础设施建设和土地开发。土地使用权出让金上缴和使用的具体办法由国务院规定。

第二十条　国家对土地使用者依法取得的土地使用权，在出让合同约定的使用年限届满前不收回；在特殊情况下，根据社会公共利益的需要，可以依照法律程序提前收回，并根据土地使用者使用土地的实际年限和开发土地的实际情况给予相应的补偿。

第二十一条　土地使用权因土地灭失而终止。

第二十二条　土地使用权出让合同约定的使用年限届满，土地使用者需要继续使用土地的，应当至迟于届满前一年申请续期，除根据社会公共利益需要收回该幅土地的，应当予以批准。经批准准予续期的，应当重新签订土地使用权出让合同，依照规定支付土地使用权出让金。

土地使用权出让合同约定的使用年限届满，土地使用者未申请续期或者虽申请续期但依照前款规定未获批准的，土地使用权由国家无偿收回。

第二节　土地使用权划拨

第二十三条　土地使用权划拨，是指县级以上人民政府依法批准，在土地使用者缴纳补偿、安置等费用后将该幅土地交付其使用，或者将土地使用权无偿交付给土地使用者使用的行为。

依照本法规定以划拨方式取得土地使用权的，除法律、行政法规另有规定外，没有使用期限的限制。

第二十四条　下列建设用地的土地使用权，确属必需的，可以由县级以上人民政府依法批准划拨：

（一）国家机关用地和军事用地；
（二）城市基础设施用地和公益事业用地；
（三）国家重点扶持的能源、交通、水利等项目用地；
（四）法律、行政法规规定的其他用地。

第三章　房地产开发

第二十五条　房地产开发必须严格执行城市规划，按照经济效益、社会效益、环境效益相统一的原则，实行全面规划、合理布局、综合开发、配套建设。

第二十六条　以出让方式取得土地使用权进行房地产开发的，必须按照土地使用权出让合同约定的土地用途、动工开发期限开发土地。超过出让合同约定的动工开发日期满一年未动工开发的，可以征收相当于土地使用权出让金百分之二十以下的土地闲置费；满二年未动工开发的，可以无偿收回土地使用权；但是，因不可抗力或者政府、政府有关部门的行为或者动工开发必需的前期工作造成动工开发迟延的除外。

第二十七条　房地产开发项目的设计、施工，必须符合国家的有关标准和规范。

房地产开发项目竣工，经验收合格后，方可交付使用。

第二十八条　依法取得的土地使用权，可以依照本法和有关法律、行政法规的规定，作价入股，合资、合作开发经营房地产。

第二十九条　国家采取税收等方面的优惠措施鼓励和扶持房地产开发企业开发建设居民住宅。

第三十条　房地产开发企业是以营利为目的，从事房地产开发和经营的企业。设立房地产开发企业，应当具备下列条件：

（一）有自己的名称和组织机构；
（二）有固定的经营场所；
（三）有符合国务院规定的注册资本；
（四）有足够的专业技术人员；
（五）法律、行政法规规定的其他条件。

设立房地产开发企业，应当向工商行政管理部门申请设立登记。工商行政管理部门对符合本法规定条件的，应当予以登记，发给营业执照；对不符合本法规定条件的，不予登记。

设立有限责任公司、股份有限公司，从事房地产开发经营的，还应当执行公司法的有关规定。

房地产开发企业在领取营业执照后的一个月内，应当到登记机关所在地的县级以上地方人民政府规定的部门备案。

第三十一条　房地产开发企业的注册资本与投资总额的比例应当符合国家有关规定。

房地产开发企业分期开发房地产的，分期投资额应当与项目规模相适应，并按照土地使用权出让合同的约定，按期投入资金，用于项目建设。

第四章　房地产交易

第一节　一般规定

第三十二条　房地产转让、抵押时，房屋的所有权和该房屋占用范围内的土地使用权同时转让、抵押。

第三十三条　基准地价、标定地价和各类房屋的重置价格应当定期确定并公布。具体办法由国务院规定。

第三十四条　国家实行房地产价格评估制度。

房地产价格评估，应当遵循公正、公平、公开的原则，按照国家规定的技术标准和评估程序，以基准地价、标定地价和各类房屋的重置价格为基础，参照当地的市场价格进行评估。

第三十五条　国家实行房地产成交价格申报制度。

房地产权利人转让房地产，应当向县级以上地方人民政府规定的部门如实申报成交价，不得瞒报或者做不实的申报。

第三十六条　房地产转让、抵押，当事人应当依照本法第五章的规定办理权属登记。

第二节　房地产转让

第三十七条　房地产转让，是指房地产权利人通过买卖、赠与或者其他合法方式将其房地产转移给他人的行为。

第三十八条　下列房地产，不得转让：

（一）以出让方式取得土地使用权的，不符合本法第三十九条规定的条件的；

（二）司法机关和行政机关依法裁定、决定查封或者以其他形式限制房地产权利的；

（三）依法收回土地使用权的；

（四）共有房地产，未经其他共有人书面同意的；

（五）权属有争议的；

（六）未依法登记领取权属证书的；

（七）法律、行政法规规定禁止转让的其他情形。

第三十九条　以出让方式取得土地使用权的，转让房地产时，应当符合下列条件：

（一）按照出让合同约定已经支付全部土地使用权出让金，并取得土地使用权证书；

（二）按照出让合同约定进行投资开发，属于房屋建设工程的，完成开发投资总额的百分之二十五以上，属于成片开发土地的，形成工业用地或者其他建设用地条件。

转让房地产时房屋已经建成的，还应当持有房屋所有权证书。

第四十条　以划拨方式取得土地使用权的，转让房地产时，应当按照国务院规定，报有批准权的人民政府审批。有批准权的人民政府准予转让的，应当由受让方办理土地使用权出让手续，并依照国家有关规定缴纳土地使用权出让金。

以划拨方式取得土地使用权的，转让房地产报批时，有批准权的人民政府按照国务院规定决定可以不办理土地使用权出让手续的，转让方应当按照国务院规定将转让房地产所获收益中的土地收益上缴国家或者做其他处理。

第四十一条　房地产转让，应当签订书面转让合同，合同中应当载明土地使用权取得的方式。

第四十二条　房地产转让时，土地使用权出让合同载明的权利、义务随之转移。

第四十三条　以出让方式取得土地使用权的，转让房地产后，其土地使用权的使用年限为原土地使用权出让合同约定的使用年限减去原土地使用者已经使用年限后的剩余年限。

第四十四条　以出让方式取得土地使用权的，转让房地产后，受让人改变原土地使用权出让合同约定的土地用途的，必须取得原出让方和市、县人民政府城市规划行政主管部门的同意，签订土地使用权出让合同变更协议或者重新签订土地使用权出让合同，相应调整土地使用权出让金。

第四十五条　商品房预售，应当符合下列条件：

（一）已交付全部土地使用权出让金，取得土地使用权证书；

（二）持有建设工程规划许可证；

（三）按提供预售的商品房计算，投入开发建设的资金达到工程建设总投资的百分之二十五以上，并已经确定施工进度和竣工交付日期；

（四）向县级以上人民政府房产管理部门办理预售登记，取得商品房预售许可证明。

商品房预售人应当按照国家有关规定将预售合同报县级以上人民政府房产管理部门和土地管理部门登记备案。

商品房预售所得款项，必须用于有关的工程建设。

第四十六条 商品房预售的，商品房预购人将购买的未竣工的预售商品房再行转让的问题，由国务院规定。

第三节 房地产抵押

第四十七条 房地产抵押，是指抵押人以其合法的房地产以不转移占有的方式向抵押权人提供债务履行担保的行为。债务人不履行债务时，抵押权人有权依法以抵押的房地产拍卖所得的价款优先受偿。

第四十八条 依法取得的房屋所有权连同该房屋占用范围内的土地使用权，可以设定抵押权。

以出让方式取得的土地使用权，可以设定抵押权。

第四十九条 房地产抵押，应当凭土地使用权证书、房屋所有权证书办理。

第五十条 房地产抵押，抵押人和抵押权人应当签订书面抵押合同。

第五十一条 设定房地产抵押权的土地使用权是以划拨方式取得的，依法拍卖该房地产后，应当从拍卖所得的价款中缴纳相当于应缴纳的土地使用权出让金的款额后，抵押权人方可优先受偿。

第五十二条 房地产抵押合同签订后，土地上新增的房屋不属于抵押财产。需要拍卖该抵押的房地产时，可以依法将土地上新增的房屋与抵押财产一同拍卖，但对拍卖新增房屋所得，抵押权人无权优先受偿。

第四节 房屋租赁

第五十三条 房屋租赁，是指房屋所有权人作为出租人将其房屋出租给承租人使用，由承租人向出租人支付租金的行为。

第五十四条 房屋租赁，出租人和承租人应当签订书面租赁合同，约定租赁期限、租赁用途、租赁价格、修缮责任等条款，以及双方的其他权利和义务，并向房产管理部门登记备案。

第五十五条 住宅用房的租赁，应当执行国家和房屋所在城市人民政府规定的租赁政策。租用房屋从事生产、经营活动的，由租赁双方协商议定租金和其他租赁条款。

第五十六条 以营利为目的，房屋所有权人将以划拨方式取得使用权的国有土地上建成的房屋出租的，应当将租金中所含土地收益上缴国家。具体办法由国务院规定。

第五节 中介服务机构

第五十七条 房地产中介服务机构包括房地产咨询机构、房地产价格评估机构、房地产经纪机构等。

第五十八条　房地产中介服务机构应当具备下列条件：

（一）有自己的名称和组织机构；

（二）有固定的服务场所；

（三）有必要的财产和经费；

（四）有足够数量的专业人员；

（五）法律、行政法规规定的其他条件。

设立房地产中介服务机构，应当向工商行政管理部门申请设立登记，领取营业执照后，方可开业。

第五十九条　国家实行房地产价格评估人员资格认证制度。

第五章　房地产权属登记管理

第六十条　国家实行土地使用权和房屋所有权登记发证制度。

第六十一条　以出让或者划拨方式取得土地使用权，应当向县级以上地方人民政府土地管理部门申请登记，经县级以上地方人民政府土地管理部门核实，由同级人民政府颁发土地使用权证书。

在依法取得的房地产开发用地上建成房屋的，应当凭土地使用权证书向县级以上地方人民政府房产管理部门申请登记，由县级以上地方人民政府房产管理部门核实并颁发房屋所有权证书。

房地产转让或者变更时，应当向县级以上地方人民政府房产管理部门申请房产变更登记，并凭变更后的房屋所有权证书向同级人民政府土地管理部门申请土地使用权变更登记，经同级人民政府土地管理部门核实，由同级人民政府更换或者更改土地使用权证书。

法律另有规定的，依照有关法律的规定办理。

第六十二条　房地产抵押时，应当向县级以上地方人民政府规定的部门办理抵押登记。

因处分抵押房地产而取得土地使用权和房屋所有权的，应当依照本章规定办理过户登记。

第六十三条　经省、自治区、直辖市人民政府确定，县级以上地方人民政府由一个部门统一负责房产管理和土地管理工作的，可以制作、颁发统一的房地产权证书，依照本法第六十一条的规定，将房屋的所有权和该房屋占用范围内的土地使用权的确认和变更，分别载入房地产权证书。

第六章　法律责任

第六十四条　违反本法第十一条、第十二条的规定，擅自批准出让或者擅自出让土地使用权用于房地产开发的，由上级机关或者所在单位给予有关责任人员行政处分。

第六十五条 违反本法第三十条的规定，未取得营业执照擅自从事房地产开发业务的，由县级以上人民政府工商行政管理部门责令停止房地产开发业务活动，没收违法所得，可以并处罚款。

第六十六条 违反本法第三十九条第一款的规定转让土地使用权的，由县级以上人民政府土地管理部门没收违法所得，可以并处罚款。

第六十七条 违反本法第四十条第一款的规定转让房地产的，由县级以上人民政府土地管理部门责令缴纳土地使用权出让金，没收违法所得，可以并处罚款。

第六十八条 违反本法第四十五条第一款的规定预售商品房的，由县级以上人民政府房产管理部门责令停止预售活动，没收违法所得，可以并处罚款。

第六十九条 违反本法第五十八条的规定，未取得营业执照擅自从事房地产中介服务业务的，由县级以上人民政府工商行政管理部门责令停止房地产中介服务业务活动，没收违法所得，可以并处罚款。

第七十条 没有法律、法规的依据，向房地产开发企业收费的，上级机关应当责令退回所收取的钱款；情节严重的，由上级机关或者所在单位给予直接责任人员行政处分。

第七十一条 房产管理部门、土地管理部门工作人员玩忽职守、滥用职权，构成犯罪的，依法追究刑事责任；不构成犯罪的，给予行政处分。

房产管理部门、土地管理部门工作人员利用职务上的便利，索取他人财物，或者非法收受他人财物为他人谋取利益，构成犯罪的，依法追究刑事责任；不构成犯罪的，给予行政处分。

第七章 附　则

第七十二条 在城市规划区外的国有土地范围内取得房地产开发用地的土地使用权，从事房地产开发、交易活动以及实施房地产管理，参照本法执行。

第七十三条 本法自1995年1月1日起施行。

（2）《房地产经纪管理办法》（2011年版）

第一章 总　则

第一条 为了规范房地产经纪活动，保护房地产交易及经纪活动当事人的合法权益，促进房地产市场健康发展，根据《中华人民共和国城市房地产管理法》《中华人民共和国合同法》等法律法规，制定本办法。

第二条 在中华人民共和国境内从事房地产经纪活动，应当遵守本办法。

第三条　本办法所称房地产经纪，是指房地产经纪机构和房地产销售员为促成房地产交易，向委托人提供房地产居间、代理等服务并收取佣金的行为。

第四条　从事房地产经纪活动应当遵循自愿、平等、公平和诚实信用的原则，遵守职业规范，恪守职业道德。

第五条　县级以上人民政府建设（房地产）主管部门、价格主管部门、人力资源和社会保障主管部门应当按照职责分工，分别负责房地产经纪活动的监督和管理。

第六条　房地产经纪行业组织应当按照章程实行自律管理，向有关部门反映行业发展的意见和建议，促进房地产经纪行业发展和人员素质提高。

第二章　房地产经纪机构和人员

第七条　本办法所称房地产经纪机构，是指依法设立，从事房地产经纪活动的中介服务机构。

房地产经纪机构可以设立分支机构。

第八条　设立房地产经纪机构和分支机构，应当具有足够数量的房地产销售员。

本办法所称房地产销售员，是指从事房地产经纪活动的房地产销售和房地产销售协理。

房地产经纪机构和分支机构与其招用的房地产销售员，应当按照《中华人民共和国劳动合同法》的规定签订劳动合同。

第九条　国家对房地产销售员实行职业资格制度，纳入全国专业技术人员职业资格制度统一规划和管理。

第十条　房地产销售实行全国统一大纲、统一命题、统一组织的考试制度，由国务院住房和城乡建设主管部门、人力资源和社会保障主管部门共同组织实施，原则上每年举行一次。

房地产销售协理实行全国统一大纲，由各省、自治区、直辖市人民政府建设（房地产）主管部门、人力资源和社会保障主管部门命题并组织考试的制度，每年的考试次数根据行业发展需要确定。

第十一条　房地产经纪机构及其分支机构应当自领取营业执照之日起30日内，到所在直辖市、市、县人民政府建设（房地产）主管部门备案。

第十二条　直辖市、市、县人民政府建设（房地产）主管部门应当将房地产经纪机构及其分支机构的名称、住所、法定代表人（执行合伙人）或者负责人、注册资本、房地产销售员等备案信息向社会公示。

第十三条　房地产经纪机构及其分支机构变更或者终止的，应当自变更或者终止之日起30日内，办理备案变更或者注销手续。

第三章 房地产经纪活动

第十四条 房地产经纪业务应当由房地产经纪机构统一承接，服务报酬由房地产经纪机构统一收取。分支机构应当以设立该分支机构的房地产经纪机构名义承揽业务。

房地产销售员不得以个人名义承接房地产经纪业务和收取费用。

第十五条 房地产经纪机构及其分支机构应当在其经营场所醒目位置公示下列内容：

（一）营业执照和备案证明文件；

（二）服务项目、内容、标准；

（三）业务流程；

（四）收费项目、依据、标准；

（五）交易资金监管方式；

（六）信用档案查询方式、投诉电话及12358价格举报电话；

（七）政府主管部门或者行业组织制定的房地产经纪服务合同、房屋买卖合同、房屋租赁合同示范文本；

（八）法律、法规、规章规定的其他事项。

分支机构还应当公示设立该分支机构的房地产经纪机构的经营地址及联系方式。

房地产经纪机构代理销售商品房项目的，还应当在销售现场明显位置明示商品房销售委托书和批准销售商品房的有关证明文件。

第十六条 房地产经纪机构接受委托提供房地产信息、实地看房、代拟合同等房地产经纪服务的，应当与委托人签订书面房地产经纪服务合同。

房地产经纪服务合同应当包含下列内容：

（一）房地产经纪服务双方当事人的姓名（名称）、住所等情况和从事业务的房地产销售员情况；

（二）房地产经纪服务的项目、内容、要求以及完成的标准；

（三）服务费用及其支付方式；

（四）合同当事人的权利和义务；

（五）违约责任和纠纷解决方式。

建设（房地产）主管部门或者房地产经纪行业组织可以制定房地产经纪服务合同示范文本，供当事人选用。

第十七条 房地产经纪机构提供代办贷款、代办房地产登记等其他服务的，应当向委托人说明服务内容、收费标准等情况，经委托人同意后，另行签订合同。

第十八条　房地产经纪服务实行明码标价制度。房地产经纪机构应当遵守价格法律、法规和规章规定，在经营场所醒目位置标明房地产经纪服务项目、服务内容、收费标准以及相关房地产价格和信息。

房地产经纪机构不得收取任何未予标明的费用；不得利用虚假或者使人误解的标价内容和标价方式进行价格欺诈；一项服务可以分解为多个项目和标准的，应当明确标示每一个项目和标准，不得混合标价、捆绑标价。

第十九条　房地产经纪机构未完成房地产经纪服务合同约定事项，或者服务未达到房地产经纪服务合同约定标准的，不得收取佣金。

两家或者两家以上房地产经纪机构合作开展同一宗房地产经纪业务的，只能按照一宗业务收取佣金，不得向委托人增加收费。

第二十条　房地产经纪机构签订的房地产经纪服务合同，应当加盖房地产经纪机构印章，并由从事该业务的一名房地产销售或者两名房地产销售协理签名。

第二十一条　房地产经纪机构签订房地产经纪服务合同前，应当向委托人说明房地产经纪服务合同和房屋买卖合同或者房屋租赁合同的相关内容，并书面告知下列事项：

（一）是否与委托房屋有利害关系；

（二）应当由委托人协助的事宜、提供的资料；

（三）委托房屋的市场参考价格；

（四）房屋交易的一般程序及可能存在的风险；

（五）房屋交易涉及的税费；

（六）经纪服务的内容及完成标准；

（七）经纪服务收费标准和支付时间；

（八）其他需要告知的事项。

房地产经纪机构根据交易当事人需要提供房地产经纪服务以外的其他服务的，应当事先经当事人书面同意并告知服务内容及收费标准。书面告知材料应当经委托人签名（盖章）确认。

第二十二条　房地产经纪机构与委托人签订房屋出售、出租经纪服务合同，应当查看委托出售、出租的房屋及房屋权属证书，委托人的身份证明等有关资料，并应当编制房屋状况说明书。经委托人书面同意后，方可以对外发布相应的房源信息。

房地产经纪机构与委托人签订房屋承购、承租经纪服务合同，应当查看委托人身份证明等有关资料。

第二十三条　委托人与房地产经纪机构签订房地产经纪服务合同，应当向房地产经纪机构提供真实有效的身份证明。委托出售、出租房屋的，还应当向房地产经纪机构提供真实有效的房屋权属证书。委托人未提供规定资料或者提供资料与实际不符的，房地产经纪机构应当拒绝接受委托。

第二十四条　房地产交易当事人约定由房地产经纪机构代收代付交易资金的，应当通过房地产经纪机构在银行开设的客户交易结算资金专用存款账户划转交易资金。

交易资金的划转应当经过房地产交易资金支付方和房地产经纪机构的签字和盖章。

第二十五条　房地产经纪机构和房地产销售员不得有下列行为：

（一）捏造散布涨价信息，或者与房地产开发经营单位串通捂盘惜售、炒卖房号，操纵市场价格；

（二）对交易当事人隐瞒真实的房屋交易信息，低价收进高价卖（租）出房屋赚取差价；

（三）以隐瞒、欺诈、胁迫、贿赂等不正当手段招揽业务，诱骗消费者交易或者强制交易；

（四）泄露或者不当使用委托人的个人信息或者商业秘密，谋取不正当利益；

（五）为交易当事人规避房屋交易税费等非法目的，就同一房屋签订不同交易价款的合同提供便利；

（六）改变房屋内部结构分割出租；

（七）侵占、挪用房地产交易资金；

（八）承购、承租自己提供经纪服务的房屋；

（九）为不符合交易条件的保障性住房和禁止交易的房屋提供经纪服务；

（十）法律、法规禁止的其他行为。

第二十六条　房地产经纪机构应当建立业务记录制度，如实记录业务情况。

房地产经纪机构应当保存房地产经纪服务合同，保存期不少于5年。

第二十七条　房地产经纪行业组织应当制订房地产经纪从业规程，逐步建立并完善资信评价体系和房地产经纪房源、客源信息共享系统。

第四章　监督管理

第二十八条　建设（房地产）主管部门、价格主管部门应当通过现场巡查、合同抽查、投诉受理等方式，采取约谈、记入信用档案、媒体曝光等措施，对房地产经纪机构和房地产销售员进行监督。

房地产经纪机构违反人力资源和社会保障法律法规的行为，由人力资源和社会保障主管部门依法予以查处。

被检查的房地产经纪机构和房地产销售员应当予以配合，并根据要求提供检查所需的资料。

第二十九条　建设（房地产）主管部门、价格主管部门、人力资源和社会保障主管部门应当建立房地产经纪机构和房地产销售员信息共享制度。建设（房地产）主管部门应当定期将备案的房地产经纪机构情况通报同级价格主管部门、人力资源和社会保障主管部门。

第三十条　直辖市、市、县人民政府建设（房地产）主管部门应当构建统一的房地产经纪网上管理和服务平台，为备案的房地产经纪机构提供下列服务：

（一）房地产经纪机构备案信息公示；

（二）房地产交易与登记信息查询；

（三）房地产交易合同网上签订；

（四）房地产经纪信用档案公示；

（五）法律、法规和规章规定的其他事项。

经备案的房地产经纪机构可以取得网上签约资格。

第三十一条　县级以上人民政府建设（房地产）主管部门应当建立房地产经纪信用档案，并向社会公示。

县级以上人民政府建设（房地产）主管部门应当将在日常监督检查中发现的房地产经纪机构和房地产销售员的违法违规行为、经查证属实的被投诉举报记录等情况，作为不良信用记录记入其信用档案。

第三十二条　房地产经纪机构和房地产销售员应当按照规定提供真实、完整的信用档案信息。

第五章　法律责任

第三十三条　违反本办法，有下列行为之一的，由县级以上地方人民政府建设（房地产）主管部门责令限期改正，记入信用档案；对房地产销售员处以1万元罚款；对房地产经纪机构处以1万元以上3万元以下罚款：

（一）房地产销售员以个人名义承接房地产经纪业务和收取费用的；

（二）房地产经纪机构提供代办贷款、代办房地产登记等其他服务，未向委托人说明服务内容、收费标准等情况，并未经委托人同意的；

（三）房地产经纪服务合同未由从事该业务的一名房地产销售或者两名房地产销售协理签名的；

（四）房地产经纪机构签订房地产经纪服务合同前，不向交易当事人说明和书面告知规定事项的；

（五）房地产经纪机构未按照规定如实记录业务情况或者保存房地产经纪服务合同的。

第三十四条　违反本办法第十八条、第十九条、第二十五条第（一）项、第（二）项，构成价格违法行为的，由县级以上人民政府价格主管部门按照价格法律、法规和规章的规定，责令改正、没收违法所得、依法处以罚款；情节严重的，依法给予停业整顿等行政处罚。

第三十五条　违反本办法第二十二条，房地产经纪机构擅自对外发布房源信息的，由县级以上地方人民政府建设（房地产）主管部门责令限期改正，记入信用档案，取消网上签约资格，并处以1万元以上3万元以下罚款。

第三十六条　违反本办法第二十四条，房地产经纪机构擅自划转客户交易结算资金的，由县级以上地方人民政府建设（房地产）主管部门责令限期改正，取消网上签约资格，处以3万元罚款。

第三十七条　违反本办法第二十五条第（三）项、第（四）项、第（五）项、第（六）项、第（七）项、第（八）项、第（九）项、第（十）项的，由县级以上地方人民政府建设（房地产）主管部门责令限期改正，记入信用档案；对房地产销售员处以1万元罚款；对房地产经纪机构，取消网上签约资格，处以3万元罚款。

第三十八条　县级以上人民政府建设（房地产）主管部门、价格主管部门、人力资源和社会保障主管部门的工作人员在房地产经纪监督管理工作中，玩忽职守、徇私舞弊、滥用职权的，依法给予处分；构成犯罪的，依法追究刑事责任。

第六章　附　则

第三十九条　各地可以依据本办法制定实施细则。

第四十条　本办法自2011年4月1日起施行。

参考文献

[1] 余源鹏. 成交:二手房销售基础培训与成交技能提升要领. 北京:化学工业出版社,2014.

[2] 邓小华. 售罄1:100%复制地产销售冠军. 北京:中国经济出版社,2013.

[3] 邓小华. 售罄2:地产销售100%成交心理学. 北京:中国经济出版社,2013.

[4] 阚险峰. 二手房销售超级训练手册(实战强化版). 北京:人民邮电出版社,2014.

[5] 房如意. 房产常识速查速用大全集. 北京:中国法制出版社,2014.

[6] 黄一平. 房地产销售口才训练与实用技巧. 北京:海潮出版社,2014.

[7] 陈信科. 二手房销售高手的36项技能训练. 北京:中信出版社,2016.

[8] 闵新闻. 金牌二手房经纪人销售全案. 北京:中国经济出版社,2014.